D U

GOUVERNEMENT

ET DES LOIX

DE LA POLOGNE.

DU

GOUVERNEMENT

ET DES LOIX

DE

LA POLOGNE.

A LONDRES.

M. DCC. LXXXI.

ERRATA très-nécessaire.

Page 26. *ligne* 17. Nonce pour. *lisez* Nonce de
       ses fonctions pour.

34.   23. rigoureux. *l.* vigoureux.

48.   25. la. *l.* les.

54.   12. de Magistrats. *l.* de quelques
       Magistrats.

65.   4. pouvoit. *l.* pouvant.

67.   8. ces. *l.* & que des.

76.   10. confédération. *l.* constitution.

81.   15. aussi. *l.* ainsi.

86.   17. conserve. *l.* conservera.

93.   4. impatience. *l.* imprudence.

106.   19. perdra. *l.* prendra.

Ibid.   20. prendra. *l.* perdra.

107.   18. à pareil. *l.* à un pareil.

112.   4. défendre les. *l.* se défaire des.

Ibid.   4. les erreurs. *l.* des erreurs.

Ibid.   6. les vices. *l.* des vices.

115.   25. n'entreront. *l.* n'influeront.

Ibid.   27. avoit. *l.* exerce.

118.   14. les. *l.* des.

Ibid.   15. seroient. *l.* jouiroient.

Ibid.   17. soit. *l.* fût.

119.   8. soit. *l.* fut.

Ibid.   16. tort. *l.* tenté.

Page 123. *ligne* 28. faire. *lisez* taire.

124.   4. règlera. *l.* rejettera.

Ibid.   14. &. *l.* ou.

Ibid.   26. termes. *l.* formes.

125.   11. souvent. *l.* souscrit.

126.   26. devroit. *l.* devoit.

129.   9. peut. *l.* pour.

Ibid.   10. travailler. *l.* travaille.

130.   19. vos. *l.* leurs.

132.   15. interdiction. *l.* interstice.

150.   9. préférez. *l.* présidez.

158.   6. se montrer. *l.* reparoître.

162.   8. ici. *l.* vos.

169.   15. auxquelles on. *l.* auxquelles
               dans la suite on.

187.   11. Pologne. *l.* confédéra-
               tion.

189.   25. les censures. *l.* la censure.

196.   22. de rentrer. *l.* & de rentrer.

198.   3. ces. *l.* à ces.

202.   13. en. *l.* n'en.

203.   20. vos. *l.* nos.

Ibid.   28. croit. *l.* voit.

211.   24. à. *l.* & à.

221.   11. les Soldats. *l.* le fort des
               Paysans.

225.   17. Cyrus. *l.* Codrus.

227.   26. heureusement. *l.* favorable-
               ment.

Page 236. *ligne.* 26. qui. *lisez* & qui.

238.   14. moyens. *l.* étrangers.

240.   5. ces titres. *l.* ce titre.

254.   15. freres. *l.* terres.

258.   8. des citoyens. *l.* du citoyen.

259.   9. à nos pallions & à nos. *l.* aux
                        pallions & aux.

261.   25. font. *l.* font.

266.   14. éprouvera. *l.* n'évitera.

Ibid.   15. nombre je. *l.* nombre, qu'en
                        déguisant adroitement ses
                        projets de réforme, je.

269.   15. puérile. *l.* puéril.

277.   25. conservent. *l.* conserveront.

280.   19. aimerent le. *l.* aimerent
                        enfin le.

287.   23. les. *l.* la.

293.   7. les. *l.* des.

298.   6. rival. *l.* vénal.

302.   9. pas. *l.* pas ouvertement.

Ibid.   9. routine qui. *l.* routine d'am-
                        bition timide qui.

307.   25. la. *l.* sa.

310.   9. desirent voir. *l.* desirent de
                        voir.

327.   14. pourriez. *l.* pouvez.

328.   20. votre. *l.* notre.

332.   16. il. *l.* mais il.

341.   18. continuer. *l.* combiner.

Page 341 *ligne* 27 avant il *lisez* avant & peut-
être contraire à vos inté-
rêts, il.
346.   2 dispose. *l.* disposeroit.
347.   22. paroit. *l.* pourroit.
348.   7. Cour. *l.* Cour de Vienne.

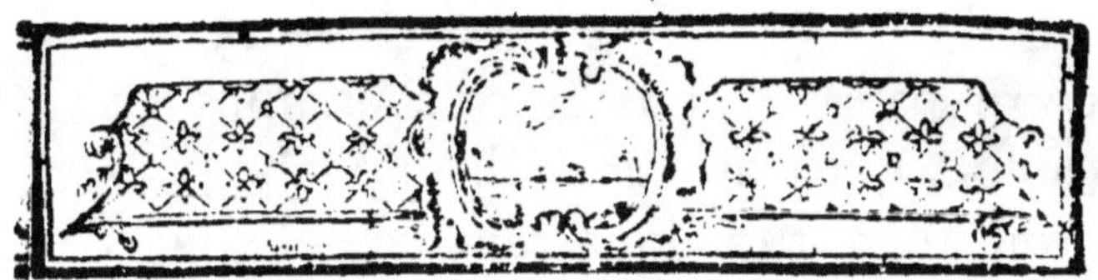

DU
GOUVERNEMENT

ET DES LOIX
DE LA POLOGNE.

A M. LE COMTE
WIELHORSKI.

PREMIERE PARTIE.

CHAPITRE PREMIER.

*De la situation actuelle de la Pologne.
Ses intéréts, ses besoins. De la méthode avec laquelle les confédérés de
Bar doivent procéder à la réforme des
loix. De l'établissement d'une puissance législative.*

Nous nous entretenons souvent, monsieur le comte, des malheurs qui affligent

A

votre patrie , nous en recherchons les caufes, votre amour du bien public voudroit trouver quelque remede utile à vos concitoyens ; & puifque vous le defirez , j'aurai l'honneur de vous faire part de més réflexions. Je fouhaiterois qu'elles puffent être de quelqu'utilité à une nation que les vices de fon gouvernement ont pu rendre malheureufe , mais qui craignant la fervitude & aimant la liberté, eft peut-être encore capable de renoncer à fes préjugés & de réparer fes fautes. Si vous me difiez de vos compatriotes ce que Tite - Live difoit des Romains de fon tems, *nec vitia noftra nec remedia pati poffumus ;* il faudroit vous réfoudre à voir périr votre république. L'amour de la liberté, l'amour de la patrie , le mépris de la mort , le courage, la patience , vos confédérations fur lefquelles vous fondez de fi grandes efpérances : rien de tout cela ne vous empêchera de fuccomber. Une longue expérience nous apprend que la vertu des hommes eft malheureufement renfermée dans des bornes très-étroites. On fe laffe à force de revers , des efpérances toujours trompées s'évanouiffent enfin , les

(3)

ames s'affaiffent ; & plus les Polonois auront fait d'efforts pour conferver leur
indépendance, plus leurs ennemis, qui
en auront triomphé avec peine, fenti-
ront la néceffité de les accabler fous un
joug rigoureux.

Quoique l'anarchie la plus monftrueufe
regne depuis long - tems en Pologne ;
quoique vos loix foient elles - mêmes la
premiere caufe de vos malheurs, & que
vous ayez au milieu de vos provinces
les armées d'une puiffance ennemie qui
vous traite déjà en vaincus ; enfin, quoique vous ne puiffiez guere compter fur
les fecours de vos alliés naturels, que la
foibleffe de votre adminiftration a refroi-
dis, ou qui fe trouvent peut-être dans des
circonftances qui les forcent à négliger
vos intérêts ; rien n'eft encore défefpéré,
s'il eft vrai, comme je n'en doute point
après nos converfations, que vos grands
feigneurs, commençant à fentir que leur
fortune domeftique ne fubfiftera pas fi
la république eft détruite, s'abandonnent
moins à leurs haines, & font capables de
fe rapprocher. Tant que les Polonois ne
fe font pas vus fur le penchant du préci-
pice, tant qu'ils n'ont craint que leurs

propres armes, & ont pu fe flatter de ne point dépendre de leurs voifins ; je ne fuis point furpris qu'ils fe foient abandonnés à une imprudente fécurité : mais aujourd'hui l'illufion eft diffipée, ils font inftruits de leurs erreurs par leurs malheurs. Vous trouverez, monfieur le comte, les efprits plus difpofés à vous entendre, & vous pouvez travailler avec fuccès à une réforme, puifque les perfonnes qui font avec vous à la tête des confédérés, aiment leur patrie en hommes éclairés, en voient les vices, & ne fe bornant pas à conjurer la tempête dont vous êtes battus, portent leurs vues fur l'avenir, & veulent prendre des mefures pour donner des fondemens folides à une liberté tranquille.

La premiere vérité, monfieur, dont vos bons citoyens doivent être pénétrés, c'eft que la Pologne, avec le titre de république, ne fera en effet qu'une province de la Ruffie, fi vous ne chaffez pas fes armées de vos poffeffions. Craignez fa garantie, craignez fes bienfaits, craignez fur-tout fa protection. Vous ferez tôt ou tard efclaves, fi vos voifins confervent la moindre influence dans vos affaires. En voulant décider de votre bonheur, en feignant de prendre des mesures pour l'assurer, soyez sûrs qu'on cherchera à vous tromper : quelque proposition avantageuse qu'on vous fasse, ne la regardez donc que comme un piege ; au lieu d'une paix véritable, vous n'auriez qu'une treve frauduleuse. Après avoir reconnu votre indépendance, on chercheroit encore à vous asservir, on profiteroit de vos anciens préjugé pour faire naître parmi vous de nouvelles haines, de nouvelles intrigues, de nouvelles cabales & de nouvelles factions. J'aimerois mieux vous voir établir des loix grossieres & une constitution imprudente, que si vous en receviez de plus sages de la part de vos voisins. Pour rendre la république véritablement & constamment heureuse, il faut avoir le courage de supporter les maux de la guerre, & de vous ensevelir sous vos ruines, plutôt que de consentir à n'avoir qu'une indépendance précaire, & soutenue par une protection étrangere.

Pourquoi la Pologne se prêteroit-elle à un accommodement avec les Russes, puisqu'ayant fait une entreprise beaucoup au-dessus de leurs forces, & contre les regles que doit se prescrire une ambition prudente & éclairée, ils doivent s'épuiser de jour en jour, & ne sentir enfin que leur foiblesse ? Que la guerre dure encore trois ou quatre ans, je le souhaite pour vous, elle vous est nécessaire ; & la Russie épuisée, sera dans l'impuissance de la continuer. Il est aisé de prévoir quel sera alors l'état de ses finances ; & des recrues nouvelles tiendront inutilement la place des troupes disciplinées qu'elle aura perdues. C'est auprès des Turcs qu'il faut agir, & en les encourageant contre leurs premieres disgraces, les empêcher de consentir à une paix honteuse. Voilà, monsieur le comte, quels sont dans ces circonstances les véritables intérêts de votre patrie : votre salut dépend de la fermeté de la Porte à soutenir cette guerre. Si vos amis trompés vous proposent une paix suspecte, ayez du courage & de la patience, & vous parviendrez à la fin que vous vous proposez, pourvu que les Turcs ne vous abandonnent pas. Je le répete, ne vous fiez ni aux traités que vos ennemis vous présenteront avant que d'avoir senti leur foiblesse, ni aux garanties que vos alliés vous offriront. Une longue expérience a dû apprendre à toute l'Europe que ces actes dreffés avec tant de formalités, n'amortiffent point les paffions. C'eft un feu caché fous la cendre, craignez un nouvel incendie.

Mais quand la Pologne pourroit compter fur les traités & les garanties, ne feroit-elle pas extrêmement imprudente, fi fe contentant d'avoir échappé aux maux dont elle eft aujourd'hui accablée, elle ne s'occupoit pas du foin d'être à l'avenir plus heureufe ? De mauvaifes loix ont caufé jufqu'à préfent tous les troubles & les défordres qui ont donné à la Ruffie l'efpérance de vous affervir ; & de bonnes loix peuvent feules, en vous mettant en état de connoître vos forces, vous faire refpecter de vos voifins : un fage gouvernement, voilà votre feul rempart. Les confédérés font perfuadés de cette vérité, & ils efperent que leur patrie inftruite par fes malheurs, fe prêtera à une réforme. J'aime à le croire comme vous ; mais, permettez-moi de le dire, ces efpérances s'évanouiront, fi dans le moment où la paix fera conclue, on ne préfente pas aux diétines & à la diete

générale un fystême tout arrangé de gouvernement.

Pour peu qu'on réfléchiffe fur la nature des habitudes & des préjugés qui
forment le caractere des peuples ; pour
peu qu'on fonge à l'empire defpotique
que ce caractere national exerce fur les
citoyens ; on fera convaincu qu'une nation qui n'eft pas infpirée, conduite, di-
rigée & animée par des hommes courageux & éclairés, eft incapable d'appercevoir fes vices, d'y renoncer, & de
corriger par des établiffemens falutaires
les abus dont elle fe plaint. A la mort de
Charles XII, quel auroit été le fort de
la Suede, fi quelques feigneurs n'avoient
pas porté à la diete un plan tout formé
de gouvernement ? Jamais on n'auroit
rien pu faire de bien. En détestant le
defpotifme des deux derniers rois, on
n'auroit fu comment s'y prendre pour
s'en débarraffer. On ne fe feroit point
entendu, les citoyens auroient été divisés, parce qu'ils ne fe feroient pas pro-
pofé les mêmes moyens pour arriver à
leur but. Faute d'un point commun &
propre à réunir les efprits, on fe feroit
abandonné aux paffions & aux erreurs

avec lesquelles on étoit familiarisé. Peut-être que des intérêts opposés auroient fait naître des querelles & des haines pernicieuses ; ou du moins les loix, peu d'accord entr'elles, au lieu d'établir les principes d'un gouvernement régulier, n'auroient jeté dans une république informe que des sources d'anarchie & de despotisme.

Si les confédérés veulent servir utilement leur patrie, substituer la liberté à la licence, & se couvrir d'une gloire immortelle, ils doivent dès aujourd'hui préparer les loix qu'il faudra présenter à leurs compatriotes dans le premier moment où il leur sera permis d'avoir une diete libre. Ne doit-on pas espérer que, profitant à la fois & du souvenir des maux passés & de la joie qui accompagne une prospérité nouvelle & long-tems attendue, ils persuaderont & entraîneront tous les esprits ? Leur conduite actuelle, leur mérite, ce qu'ils auront souffert pour la patrie, tout sera également propre à faire naître une espece d'enthousiasme favorable aux nouveautés. Quelque fondée que soit cette espérance, il faut cependant commencer dès aujourd'hui à vous préparer le succès que vous attendez. Ne perdez aucune occasion d'irriter vos citoyens contre les violences & les injustices de leurs ennemis ; que leur patience n'affoiblisse point leur courage. Plus vous jugerez que les Polonois sont prévenus en faveur de leur gouvernement, & tiennent avec force à leurs préjugés & à leurs habitudes, plus il est nécessaire de publier de tems en tems quelques écrits pour éclairer votre noblesse & la préparer aux réformes que vous méditez. Après avoir attaqué avec adresse les erreurs auxquelles les Polonois sont le moins attachés, il faudroit prouver que tous les malheurs de la république tirent leur origine des vices de sa constitution, & que vouloir la laisser subsister, c'est vouloir encore éprouver les mêmes désordres dont on se plaint : la même cause devant toujours produire les mêmes effets.

Quels que soient les changemens qu'on proposera aux Polonois, quelque salutaires qu'ils puissent paroître, je vous prie, monsieur le comte, de faire attention qu'ils seront inutiles, si l'on ne suit pas une certaine méthode dans la réforme que vous projetez. L'important est de commencer par où il faut en effet commencer. C'eſt une attention que nos légiſlateurs n'ont preſque jamais eue , & c'eſt ce qui fait qu'avec les plus belles loix pour nous contraindre à faire le bien , nous perſévérons conſtamment à faire le mal. Vous ne finirez point , ſi vous voulez proſcrire en détail chaque abus, & perſonne ne lira votre code volumineux. Si par haſard on le lit , il excitera une révolte générale; car il n'eſt pas poſſible de renoncer ſubitement à ſon caractere pour en prendre un nouveau. Si vous remontez au contraire à la ſource du mal , peu de loix vous ſuffiront; & quand vous aurez établi une ſage conſtitution, elle ſervira de baſe à tous les réglemens ſalutaires que vos beſoins demanderont ſucceſſivement ; & on y obéira avec plaiſir , parce qu'on en ſentira la ſageſſe.

Pour vous faire mieux entendre ma penſée , je vais vous tracer en deux mots l'hiſtoire du gouvernement & des malheurs de votre patrie. Un peuple courageux, fier, indocile, jaloux de ſa liberté , & tel qu'on peint les anciens barbares qui ont détruit l'empire romain , ſe laſſe des déſordres de l'anarchie, & ſe fait un roi, ou un premier magiſtrat , auquel il a l'im-

A vj

prudence d'accorder un pouvoir dont il étoit trop aifé d'abufer , & qui ne pouvant par conféquent s'allier avec la liberté des fujets , doit exciter de toutes parts de nouvelles alarmes , de nouvelles craintes , de nouveaux foupçons & de nouveaux défordres. Le prince fufpect à fa nation, ne tardera pas à être regardé comme un ennemi domeftique. Les loix mal combinées, qui avoient irrité fon ambition , fépareront de plus en plus fes intérêts de ceux de la république , & dans cette diffenfion civile le gouvernement fera fans autorité , & les loix fans force.

Le roi qui diftribuoit à fon gré les dignités & les domaines de la république , fut fecondé dans fes entreprifes par tous ceux que l'efpérance de la faveur & des graces avoit corrompus ; & la Pologne n'échappa au pouvoir arbitraire qu'en recourant plus fouvent à l'ufage des confédérations. Les voix furent achetées dans les dietes ; & pour empêcher que ces affemblées ne vendiffent au roi la liberté de la nation , on établit enfin le *liberum veto*. C'eft alors que chacun éprouvant qu'il n'étoit plus fous la protection des loix , tout devint intrigue , tout devint cabale ,

(13)

parti & faction. La Pologne, incapable
d'être heureuse au - dedans, & toujours
foible parce qu'elle ne pouvoit réunir
ses forces, fut sans considération au dehors. L'Europe la compta pour rien,
ses alliés naturels qui ne pouvoient en
attendre aucun secours la négligerent, &
ses voisins auroient exercé depuis long-
tems sur elle l'empire que la Russie a
usurpé depuis le commencement de ce
siecle, s'ils avoient eu une ambition plus
éclairée, ou que d'autres entreprises n'eussent fait une diversion favorable aux Polonois.

En derniere analyse, monsieur le comte,
tous les maux dont votre république se
plaint, viennent de l'anéantissement de la
puissance législative qui a été soumise aux
caprices d'un nonce qui prononçoit le
veto. Dès lors il vous a été impossible
de faire les nouvelles loix que deman-
doient de nouvelles circonstances & de
nouveaux besoins, &, permettez - moi
cette expression qui n'est que trop vraie,
vous êtes restés dans votre ancienne barbarie, tandis que vos voisins sortoient de
la leur. Pour comble de maux, vous n'a-
vez plus même obéi à vos anciennes loix;

car la ruine de la puissance législative devoit entraîner la ruine de la puissance exécutrice. Comment vos magistrats chargés
de l'exécution des loix, n'auroient-ils pas
abusé de leur crédit & de leur pouvoir
pour ne consulter & ne servir que leurs
passions, puisqu'il n'y avoit plus une
puissance supérieure qui éclairât leur conduite & pût les réprimer ou les punir ?
Tout Polonois fut donc opprimé ou op-
presseur, suivant qu'il fut ou foible ou fort.
Voulez - vous sortir de cet état déplorable, unir par un même intérêt les citoyens divisés , & vous faire respecter de
vos voisins ? Commencez donc par établir une puissance législative , & donnez-
lui une force à laquelle rien ne puisse
résister.

Si les préjugés des Polonois sont tels
qu'il soit impossible de commencer la réforme par cette opération ; ou si la politique de leurs voisins s'y oppose , parce
qu'ils craignent que la république ne se
corrige de ses erreurs ; il est inutile ,
monsieur le comte, de songer au salut
de votre patrie. On pourroit peut-être
appliquer quelques palliatifs ; mais ne
comptez sur aucun remede efficace. Il y

a enfin un terme aux abus d'une nation.
Les Polonois éternellement en proie aux
mêmes désordres, se lasseront enfin de
défendre une ombre de république qui
est funeste à tous les citoyens, & qui
ne produit que des despotes & des esclaves. Votre petite noblesse n'a rien à
perdre par la révolution qui la feroit
passer sous l'obéissance d'une puissance
étrangere; peut - être même pourroit-
elle espérer d'y jouir d'un fort moins
malheureux. Les grands doivent conserver la république qui fait leur grandeur;
mais en la déchirant par leurs divisions,
& en n'obéissant à aucune loi, peuvent-
ils se flatter de la voir long - tems. subsister ?

CHAPITRE II.

Des moyens néceſſaires pour établir une puiſſance législative en Pologne.

VOTRE république, dit-on, eſt divisée en trois ordres; le roi, le sénat auquel il faut joindre les miniſtres ou les grands officiers de la couronne & du duché de Lithuanie, & la nobleſſe. On ajoute que le pouvoir législatif réside dans les trois ordres réunis en diete. Ne penſez-vous pas, monſieur le comte, que cette diſpoſition eſt vicieuſe? Il me ſemble qu'au lieu de diſtinguer & de ſéparer d'une maniere bien formelle & bien préciſe la puiſſance législative & la puiſſance exécutrice, votre politique n'eſt propre au contraire qu'à les confondre en les rapprochant; & ce rapprochement nuit néceſſairement à l'action de l'une & de l'autre, affoiblit ou plutôt détruit leur force, & ouvre par conséquent une carriere plus libre à la licence. Si le concours & l'accord du roi, du sénat & de l'ordre équestre sont nécessaires pour porter une loi, qui ne voit pas que le législateur sera presque toujours dans l'impuissance d'agir ? Les intérêts toujours différens de ces trois ordres, & leurs passions par conséquent toujours opposées, doivent mettre un obstacle éternel à la législation. Quelle doit être la suite de cette inaction ? Des abus qui, dès qu'ils seront multipliés à un certain point, braveront les loix & les forceront à se taire.

Je ne m'en tiens pas là. Remarquez, je vous prie, que l'ordre équestre, ne pouvant être continuellement assemblé, doit perdre toute son autorité. Par quels moyens voudriez-vous que des gentils-hommes, séparés les uns des autres, & qui ne sont plus que de simples citoyens dès qu'ils cessent d'être nobles, fussent en état de défendre la dignité de la nation & sa liberté contre le roi & contre des sénateurs & des ministres qui sont revêtus d'une magistrature perpétuelle, & continuellement invités, par leur avarice & leur ambition, à abuser du pouvoir qu'on leur a confié pour faire observer les loix ? C'est pour s'op-

poſer à cette conjuration du roi & du
ſénat, que votre nobleſſe, qui vouloit
être libre ſans avoir aucun moyen de
conſerver ſa liberté, a eu recours aux
funeſtes reſſources des confédérations,
de l'unanimité & du *liberum veto*. Ainſi,
pour échapper à la tyrannie, votre république eſt tombée dans la plus monſ-
trueuſe anarchie.

Si mes remarques ſont vraies, j'en
conclus que la loi la plus importante &
la plus néceſſaire pour la Pologne, c'eſt
celle qui aſſignera de la maniere la plus
claire à l'ordre équeſtre aſſemblé légiti-
mement en diete, toute la puiſſance légiſlative, & qui ne laiſſera au roi &
au ſénat que la puiſſance exécutrice. Je
voudrois qu'on déclarât de la maniere
la plus authentique que le roi, les ſénateurs & les miniſtres n'ont aucun droit
de s'oppoſer aux réſolutions de la diete
générale ; & que l'eſpece d'hommage
qu'elle leur rend avant que de ſe ſéparer, n'eſt dans le fond qu'une façon po-
lie de leur communiquer les volontés
de la nation, & les loix qu'ils doivent
obſerver eux-mêmes, en veillant à leur
exécution dans tous les palatinats de la
république.

Après avoir donné à la diete générale tous les droits de la souveraineté,
c'est-à-dire le pouvoir de faire de nouvelles loix, de changer, modifier & annuller les anciennes, sans que rien puisse
résister à son autorité; il faut songer,
autant que le permet la dépravation actuelle des mœurs, à disposer de telle
maniere la police, le régime & tous les
mouvemens de la diete, qu'elle ne puisse
se servir de sa souveraineté que pour le
plus grand bonheur de la nation. Pour
proposer à cet égard les réglemens les
plus salutaires, il faudroit connoître les
coutumes, les usages, les habitudes qui
ont le plus contribué à faire naître les
abus & qui sont les plus propres à les
perpétuer. Il ne m'est pas possible de
faire cette étude; je dois donc me borner à vous proposer des vues générales.

Je croirois qu'il est à propos de fixer
pour toujours le tems & le lieu où la
diete s'assemblera, sans avoir besoin d'être
convoquée par un acte particulier. En
conséquence de cette loi générale, le roi
ne publiera des *universaux* que quand il
sera question d'assembler une diete extraordinaire, soit pour délibérer sur les

injures ou les hostilités d'un voisin, soit
dans d'autres conjonctures importantes
qui paroîtront intéresser le salut ou la
tranquillité de la nation. La raison pour
laquelle je demande la suppression des
universaux, c'est qu'ils ne font que trop
propres à causer une fermentation dangereuse dans les diétines arécomitiales.
Chaque palatinat s'accoutume à juger
& à décider souverainement les affaires
dont la décision ne doit appartenir qu'au
corps entier de la nation. Les nonces re-
çoivent des instructions ou des ordres qui
rendent leur ministere inutile. Ils doivent
être opiniâtres, pour ne pas paroître infideles ; & si leur diétine a tort, il ne leur
est plus permis d'avoir raison. Quand les
palatinats ne seront point instruits des
affaires qui doivent se traiter, ils ne pourront prendre aucune résolution qui soit
contraire au bien général, & leurs repré-
sentans ne seront chargés que de leurs
demandes particulieres. Plus les Polonois
font portés par leurs anciennes habitudes
& leurs anciens préjugés à l'anarchie,
plus les réformateurs doivent s'appliquer
à écarter tout ce qui peut aigrir ou échauf-
fer les esprits. S'il s'agissoit de refondre le

gouvernement de certaines nations lentes, dociles, timides & peu faites aux agitations de la liberté, il faudroit en quelque forte irriter les paſſions. Mais c'eſt
tout le contraire qu'il faut ſe propoſer en
Pologne, parce qu'on ne paſſe point de
l'anarchie à l'amour de la regle & de l'ordre par les mêmes voies qui doivent conduire du deſpotiſme à la liberté.

Il me paroît que la loi qui fixe aujour-
d'hui le terme auquel la diete générale
doit ſe ſéparer, eſt un reſte de l'ancienne
barbarie des Sarmates; c'eſt, qu'on me
pardonne cette expreſſion, vouloir étran-
gler les affaires; c'eſt les ſouſtraire à l'examen de la puiſſance qui en doit décider;
c'eſt demander des loix qui ne ſeront
point publiées avec la ſage lenteur qui
doit les méditer; c'eſt empêcher qu'on
ne corrige les abus préſens, & par conſéquent c'eſt vouloir les multiplier, c'eſt
enfin fournir aux mal-intentionnés & aux
intrigans un moyen de rendre la diete
inutile; car à force de ruſes & de ma-
nege, ils parviendront à conſumer en ver-
biages un tems deſtiné à régler les affaires.

La diete générale ſera compoſée des
nonces des trente - trois palatinats ou

provinces de la république. Pour imprimer à la puiſſance légiſlative la majeſté qui
lui eſt néceſſaire , & lui concilier le reſpect & la confiance de la nation , les loix
doivent donner aux nonces une certaine
dignité qui leur apprenne à ſe reſpecter
eux-mêmes. Du moment qu'un nonce eſt
nommé, juſqu'à celui où il rendra compte
de ſa miſſion à ſa diétine poſtcomitiale,
il ſeroit peut-être utile qu'il eût une
marque diſtinctive qui le fît reconnoître.
Pendant tout ce tems ſa perſonne doit
être ſacrée & inviolable ; s'il eſt accuſé
de quelque délit indigne de lui , la plainte
n'en ſera portée qu'à la diete même ; elle
l'abſoudra s'il eſt innocent ; s'il eſt coupable, elle le renverra dans ſon palatinat,
comme déchu du droit de le repréſenter.
S'il commet quelque violence ou quelqu'injuſtice qui mérite une peine plus
grave, il ne doit être arrêté que pour
être remis entre les mains du maréchal
de la diete , qui répondra de ſa perſonne.
Si ſes pairs , c'eſt-à-dire la chambre des
nonces, le jugent coupable , ils le dégra-
deront, le dépouilleront des marques de
ſa dignité , & le renverront aux tribunaux ordinaires pour y être jugé & puni
ſelon les loix.

La perfonne des nonces doit être irré-
prochable ; & tout gentilhomme flétri
par un acte de juftice, ou convaincu de
n'avoir pas obéi aux décrets des tribunaux, ne pourra remplir les fonctions
auguftes de repréfentant de fon palatinat.
On ne fera point député à la diete en
qualité de nonce, avant l'âge de trente
ans accomplis. Il eft difficile qu'avant cet
âge on ait acquis les connoiffances néceffaires pour participer à la légiflation, ou
l'eftime & la confidération dont il eft à
fouhaiter que tout nonce jouiffe. Cette loi
déplaira aux fils de vos grands feigneurs,
que la faveur fait nonces avant qu'ils fa-
chent ce que c'eft qu'une république ;
mais elle leur fera utile en prolongeant
leur éducation, & elle délivrera la république de leur ignorance, de leur pré-
fomption & de leur emportement. Tout
nonce doit poffèder une certaine quantité
de terre dans fon palatinat, & n'exercera
aucun emploi domeftique dans la maifon
d'un autre gentilhomme ou dans la régie
de fes terres. Ce réglement eft indifpenfable, parce qu'il eft naturel qu'un poffef-
feur de fonds prenne plus d'intérêt à la
chofe publique que celui qui ne poffede

rien en propre. D'ailleurs un homme qui est foumis aux ordres d'un maître, est indigne de porter un fuffrage quand il faut décider des loix d'un peuple libre. Les Polonois croient qu'un gentilhomme ne déroge pas en prenant un emploi domeftique : j'y confens. Qu'il conferve le droit de porter fon fabre ; mais fon ame est néceffairement avilie par la baffeffe des emplois auxquels il fe dévoue. Il ne doit pas être permis d'être nonce à deux dietes confécutives. L'objet de cette loi est d'empêcher que certaines perfonnes ne s'emparent de tout le pouvoir de leur palatinat , & d'exciter une plus grande émulation entre les candidats. Voulez-vous prévenir les cabales & les intrigues de quelques familles , & ne pas permettre qu'elles aient trop d'influence & de crédit dans leurs diétines ? Défendez d'élire pour nonces deux gentilshommes unis par les liens du fang.

Les loix dont je viens de parler, préparent le fuccès de la diete, mais ne l'affureront point, fi elles ne font foutenues & étayées par d'autres réglemens qui entretiennent la police de ces nombreufes affemblées. Dans tous les pays où elles

ont

ont été connues, elles ne se font que trop souvent laissé égarer par la grandeur même de leur puissance, qu'accompagne toujours une grande présomption, & par les autres passions, dont les hommes font moins les maîtres à mesure qu'ils traitent des affaires plus importantes. Vos dietes Polonoises, monsieur le comte, ont besoin d'un régime d'autant plus sage, que jusqu'à présent elles ont été troublées par des querelles, des injures & des violences, qui ont dû faire naître des haines & des vengeances ennemies du bien public. D'ailleurs, les anciennes habitudes, les anciennes erreurs, les anciens préjugés ne seront point subitement détruits par la loi qui aura conféré à la diete générale la puissance législative ; & si on ne travaille pas à les affoiblir par d'autres loix, ils ne tarderont pas à rendre votre réforme inutile : permettez moi donc d'entrer encore dans quelques détails, qui pourront paroître minutieux à quelques personnes, mais que je crois très-importans.

Je voudrois que chaque palatinat envoyât un nombre égal de députés à la diete, de façon cependant qu'elle ne fût composée que de six à sept cents nonces tout au plus. Elle pourroit alors suffire à l'examen de toutes les affaires, & ne courroit cependant aucun risque de dégénérer en cohue. Je desire qu'on ne compte pas les voix par nonces, mais par palatinats : c'est un moyen qui peut être propre à prévenir les intrigues, les cabales, la corruption & la vénalité. Chaque province délibéreroit à part sur chaque affaire, & chargeroit le président ou le syndic qu'elle se serait fait, de porter son vœu à la diete assemblée. Les fonctions de ce président seront de maintenir l'ordre dans les comités particuliers des palatinats. Il aura droit d'imposer silence, il arrêtera les querelles trop vives, & aura même le pouvoir de suspendre un nonce pour quelque tems. Quand la diete sera assemblée, son maréchal aura la même autorité. Si un nonce porte l'oubli de ses devoirs jusqu'à mettre le sabre à la main, il doit être déclaré coupable de lese-majesté, puisqu'il a violé le respect dû à la puissance souveraine, & attenté à la liberté de la nation : il a voulu substituer le droit de la force au droit de la justice & de la raison. Je prie de remarquer combien il importe à un peuple libre, mais qui pendant long-tems a confondu

la liberté & la licence, de s'accoutumer
à l'esprit de modération, de justice, de
retenue & de patience. Je donnerois d'autres conseils à une nation qui, desirant
d'être libre, ne connoîtroit pas la liberté,
& auroit plus besoin d'être excitée que
ralentie dans ses mouvemens.

Après avoir fait l'ouverture de la diete
par l'élection d'un maréchal, on lira publiquement les loix fondamentales; & tous
les nonces, tenant la main sur l'évangile,
prêteront serment de les observer, & ré-
péteront ce même serment au nom de
leur palatinat; on commencera ensuite à
traiter des affaires. On mettra d'abord sur
le bureau les demandes, remontrances ou
mémoires présentés à la diete par le roi &
le sénat. Après les avoir lus publiquement,
on chargera un comité composé de deux
nonces de chaque palatinat, de les examiner, pour en rendre compte à la diete. On
formera quatre autres comités, composés
chacun d'un nonce de chaque palatinat,
pour faire l'examen des propositions ou
demandes que chaque province sera en
droit de faire à la diete. Par cette méthode
de procéder, il me semble qu'on ménage
la dignité de la puissance exécutrice & des

diétines, & qu'on les oblige cependant de reconnoître la supériorité de la puissance législative, qui sera en même tems éclairée par les lumieres du roi, du sénat & des diétines.

Les présidens des différens comités, dont je viens de parler, seront nommés par le maréchal de la diete. Quand un comité aura fait son rapport aux palatinats assemblés, il le déposera dans le greffe de la diete avec les pieces ou les demandes qui y sont relatives, & on les communiquera aux nonces qui en voudront prendre une connoissance plus particuliere. Huit jours après on délibérera sur la loi proposée, & il sera permis à chaque nonce de l'attaquer ou de la défendre selon ses lumieres & le mouvement de sa conscience. Chaque palatinat ensuite s'assemblera séparément pour former son avis. On laissera encore écouler huit jours : alors on ira aux voix, & à la pluralité des suffrages la loi sera rejetée ou publiée solemnellement. Je multiplie les comités, parce qu'ils sont propres à étendre les lumieres. Je demande des formalités lentes, parce que les Polonois y sont moins accoutumés. D'ailleurs, chez les peuples les plus

libres, l'enthousiasme & l'engouement
sont, après la corruption & la vénalité,
les ennemis les plus redoutables de la
liberté.

Quelqu'arrangement qu'on fasse pour
établir en Pologne une vraie puissance législative, je le dis, monsieur le comte,
sans crainte de me tromper, toute réforme
deviendra inutile, si le *liberum veto* subsiste.
Les Polonois, dit-on, le désapprouvent,
le blâment, le condamnent, & par une
de ces contradictions de l'esprit humain
qu'on trouve par-tout, ils y sont prodigieusement attachés. Puisque les confédérés seront forcés de ménager à cet égard
les préjugés publics, ne pourroient - ils
pas tenter de détruire le *veto*, en faisant
semblant de le conserver ? Il est facile de
démontrer combien la loi de l'unanimité
est absurde. N'est-il pas insensé d'espérer
que six ou sept cents hommes qui ont des
passions différentes, & qui n'ont ni les
mêmes connoissances, ni la même étendue d'esprit, auront cependant les mêmes vues & les mêmes opinions ? Il est
encore plus aisé de faire voir combien le
veto est contraire à la liberté, puisqu'il
peut faire de chaque citoyen un despote

qui gêne & opprime la volonté générale de la nation.

Il faudroit commencer dès aujourd'hui à publier cette doctrine dans votre patrie : elle ne détruiroit pas entièrement le préjugé, mais elle l'affoibliroit ; & dans le moment de la réforme, on pourroit peut-être établir que désormais le *veto* n'aura lieu que quand tous les nonces d'un palatinat le prononceront d'une voix unanime. Certainement je vois tout le mal qu'il y a à permettre qu'un palatinat s'oppose à la volonté de trente-deux provinces. C'est une absurdité ; mais que faire ? Quand un législateur trouve devant lui un obstacle insurmontable, il s'arrête, & dit avec Solon : si je ne vous propose que des loix imparfaites, c'est votre faute ; pourquoi n'êtes-vous pas capables d'en recevoir de plus sages ? Ce qui peut consoler dans cette occasion, c'est qu'il sera très-rare que tous les députés d'un palatinat concourent unanimement à prononcer le *veto*. Si on le craint dans quelques circonstances, on pourra imiter la conduite des patriciens de Rome, qui traitoient avec quelque tribun du peuple, pour l'engager à mettre lui-même opposition aux loix que vouloient porter ses collegues. Je n'aime pas que l'intrigue devienne un ressort du gouvernement ; mais dans cette occasion elle sera, pour ainsi dire, purifiée par l'amour du bien public qui l'aura conseillée.

L'usage du *liberum veto* s'est formé insensiblement sans le secours des loix ; il faut espérer que, sans le secours d'une loi expresse, il tombera insensiblement en désuétude. Toutes les parties du gouvernement Polonois ont eté jusqu'à présent si mal disposées, si peu faites les unes pour les autres, & si peu capables de produire l'effet qu'on en attendoit, que la république auroit perdu vingt fois sa liberté, si un seul citoyen n'eût pas été en droit de la sauver, en s'exposant seul au torrent de la corruption & de la vénalité. Comment auroit-elle pu résister à un prince qui disposoit arbitrairement des dignités, des honneurs & des domaines de la Pologne ? Après la réforme que méditent les confédérés, & qui ne peut réussir qu'en ôtant à la couronne ses principales prérogatives, la liberté assise sur des fondemens moins fragiles, se soutiendra par elle-même. Les vices, qui jusqu'ici ont rendu le *veto* nécessaire, ne subsistant plus, on sentira moins la nécessité d'y recourir, & votre postérité qui bénira votre mémoire, ne comprendra pas un jour comment vos peres ont pu aimer une erreur dont on ne trouve l'exemple chez aucun autre peuple.

En attendant cette heureuse révolution, les confédérés doivent tout tenter pour établir que l'opposition d'un palatinat ne pourra suspendre & proscrire que la loi dont il ne permet pas la publication. Voilà, si je ne me trompe, tout ce que peut desirer l'homme le plus entêté & le plus opiniâtre, s'il lui reste quelqu'ombre de raison. Pourquoi faut-il que le *veto* ait le pouvoir de dissoudre une diete, & de rendre nulles toutes les loix qu'on y auroit portées jusques là d'un consentement unanime? J'ai bien peur, monsieur le comte, que les confédérés n'aient beaucoup de peine à faire goûter quelques principes raisonnables sur cette matiere. Plus les erreurs sont grossieres, plus on y est attaché; sans doute que la sottise qui les a fait adopter, rend incapable de tout examen sérieux. Des hommes qui ne regardent pas comme un crime de haute trahifon, de fufpendre dans fes opérations la puiſſance légiſlative, & de l'anéantir; des hommes qui ne ſavent pas que cette puiſſance eſt l'ame du corps politique, ne me paroiſſent guere diſpoſés à recevoir la vérité.

Ce que j'ai dit du *veto*, il faut le dire des confédérations qui n'ont été avantageuſes aux Polonois, que parce qu'ils avoient un gouvernement monſtrueux: c'eſt un vice qui a ſervi de palliatif à un autre vice. Combien de fois n'auriez-vous pas perdu votre liberté, s'il ne vous avoit pas été permis de faire des ligues en ſa faveur, & de la conſerver les armes à la main? Mais c'eſt un grand mal que d'avoir beſoin d'une pareille reſſource contre le pouvoir arbitraire, & la Pologne ne ſera heureuſe que quand des loix raiſonnables lui auront appris à s'en paſſer. Les confédérations flâttent agréablement vos grands ſeigneurs; elles offrent je ne ſais quelle idée de ſouveraineté qui plaît à leur orgueil; & je ſais que l'orgueil des grands n'entend point raiſon. Votre ſageſſe vous preſcrit donc le ſilence à cet égard. D'ailleurs votre petite nobleſſe, qui peut-être n'eſt pas fort exercée en politique, trouveroit fans doute étrange & même ridicule que les confédérés de Bar , qui ont fauvé la république , vouluffent défendre par une loi expreffe l'ufage des confédérations. Vous devez vous contenter d'établir des principes affez fages de gouvernement , pour qu'on ne fente plus la néceffité de faire des conjurations & de prendre les armes pour venir au fecours de la patrie.

Je vous prie de remarquer , monfieur le comte , que votre anarchie feule a donné naiffance à vos confédérations , & que leur fort eft lié à celui du *veto*. Dès que ce redoutable *veto* a diffous la république & fufpendu l'action du gouvernement , il eft naturel que , pour fuppléer à l'autorité qui manque & dont on ne peut fe paffer , on en crée une nouvelle , & ce ne peut être qu'une confédération formée par des mécontens ou par des gens de bien qui font forcés de prendre un parti rigoureux pour venir au fecours de la patrie. Mais fi vous avez le fuccès que vous defirez , fi vous parvenez à faire affez refpecter l'autorité législative pour contenir dans le devoir les mauvais citoyens & ne laiffer aucune alarme aux

honnêtes gens ; foyez fûrs que les préjugés des Polonois ne fubfifteront pas
long-tems. Moins on fera intéreffé à fe
liguer, plus le fouvenir des confédérations s'affoiblira. Dans le calme de la paix
les efprits s'éclaireront, & fans effort on
parviendra à connoître que les hommes
ne font pas réunis en fociété pour fe faire
la guerre ; de nouveaux confédérés, s'il
s'en forme, ne pafferont que pour des
perturbateurs du repos public.

CHAPITRE III.

*De la difcipline & de l'ordre des diétines,
relativement à la puiffance législative.*

LES loix & les arrangemens dont je
viens, monfieur, d'avoir l'honneur de
vous entretenir, au fujet de la diete générale, feront obfervés ou négligés, fuivant qu'on prendra des mefures plus ou
moins efficaces pour établir une fage police dans les diétines. Que ferviroit en
effet d'avoir ordonné qu'il y eût déformais un légiflateur dans la république,

auquel tout doit obéir , si on ne parvenoit pas à détruire dans les provinces l'esprit d'indépendance & d'anarchie qui y regne , & dont , au rapport de quelques-uns de vos compatriotes, elles sont extrêmement jalouses ? Vous verriez bientôt s'écrouler l'édifice que vous auriez élevé ; & votre législateur paré des plus beaux titres , mais les plus vains , ne feroit bientôt que des loix auxquelles personne n'obéiroit.

Les Polonois ne doivent donc s'attendre à aucun repos , à aucune prospérité durable , si les diétines ne s'accoutument à respecter la diete législative & à en aimer l'autorité. Voilà le but que doivent se proposer les réformateurs ; & ils y parviendront, non pas en diminuant les droits & les prérogatives des diétines , pour augmenter le pouvoir de la diete, mais en leur assignant des fonctions & des devoirs qui leur soient chers , & qui les associent à l'administration générale de la république. Relevez leur dignité ; elles seront moins inquietes , moins turbulentes , moins agitées , à mesure qu'elles se croiront plus libres. Pour les disposer à obéir avec exactitude aux loix , ordonnez qu'elles en

foient les dépofitaires ; qu'elles aient la
liberté d'expofer par leurs nonces les projets qu'elles croiront les plus utiles à la
patrie. Elles verront de près les befoins
de chaque palatinat ; & fans leurs lumieres & leurs fecours, la puiffance législative ne pourroit jamais, dans un pays auffi
étendu que la Pologne, s'acquitter que
bien imparfaitement de fes devoirs. Si
vous prétendez gouverner vos provinces
par des magiftrats particuliers, ils abufe-
ront de leur crédit ; & votre nobleffe indocile les regardant comme fes ennemis,
haïra la puiffance dont ils feront les miniftres. Voulez-vous qu'elle ne brave pas
les loix ? Que vos diétines foient elles-
mêmes chargées du foin de les faire obferver ; quand elles feront affemblées,
qu'elles foient le fuprême magiftrat de
leur palatinat, & que leur cenfure répare
les injuftices & prévienne les négligences.
Il me femble que je vois réfulter de cet
arrangement une confiance favorable au
bon ordre, & le bon ordre lui-même
établira de jour en jour un lien plus étroit
entre la diete générale & les diétines particulieres.

Je defirerois que les diétines antecomitiales s'affemblaffent dans un lieu & à un jour marqués, fans convocation, & furtout fans univerfaux qui, je l'ai déjà dit, ne feroient propres qu'à caufer des difputes, des querelles & des divifions. L'ouverture s'en doit faire un mois avant le jour décidé pour l'ouverture de la diete générale. Plus le terme de ces affemblées fera court, plus les efprits feront difpofés à négliger les queftions inutiles. Après avoir créé un maréchal, on procédera au choix des nonces, & on dreffera enfuite leurs inftructions. Il me femble que, pour cette opération, il feroit très-important que les diétines fe partageaffent en différens bureaux ou comités : on dira que c'eft pour expédier plus promptement un plus grand nombre d'affaires ; & ce fera en effet pour empêcher que ces affemblées ne dégénerent en cohues.

Dans le moment de la réforme, il feroit, je crois, dangereux de vouloir interdire le *veto* dans les diétines. Il y a apparence que cette nobleffe ignorante & nombreufe, qui a droit de fuffrage, ne le fouffriroit pas. Si on ne m'a pas trompé, elle fe croiroit offenfée, elle fe croiroit dégradée par cette défenfe : n'efpérant

point d'être députée à la diete législative ;
elle voudroit, pour conserver elle-même
sa prétendue dignité, conserver aux diétines l'indépendance, l'indocilité & l'anarchie qu'elle regarde comme une marque
& une preuve de leur puissance. On pourroit peut-être restreindre le *veto* des diétines, & le soumettre aux mêmes conditions que celui de la diete générale ; c'est-
à-dire refuser aux particuliers le droit de
le prononcer & ne l'accorder qu'aux comités. Mais, sans s'expliquer sur un objet
qu'il est si dangereux de traiter, ne pourroit-on pas faire oublier le *veto* en le
rendant inutile ? On y réussiroit peut-être
en portant une loi qui ne permettroit de
mettre dans les instructions des nonces
que les demandes ou les propositions
auxquelles personne ne se seroit opposé,
& qui autoriseroit cependant tout gentilhomme à y joindre les articles qu'il ju-
geroit à propos, & auxquels il mettra sa
signature.

Si une diétine antécomitiale se séparoit
avant d'avoir élu ses nonces & dressé ses
instructions, il faudroit que les principaux officiers du palatinat fussent autori-
sés par la loi à les représenter dans la

diete législative qui par - là feroit toujours l'affemblée générale de la nation,
& conferveroit une égale autorité fur
toutes les parties de la république. On
me dira fans doute que les officiers des
palatinats feront intéreffés par cet établiffement à diffoudre les diétines pour
s'emparer de leur autorité ; mais je répondrai que la petite nobleffe ne tardera pas à s'appercevoir de cette intrigue,
& que, pour conferver fa voix, fa confidération & fon crédit, elle prendra le
parti de renoncer au *veto* & de procéder
à l'élection des nonces.

Vous m'avez fait l'honneur, monfieur
le comte, de me parler de plufieurs abus
autorifés par un long ufage, & qui ne
vous permettront pas d'établir une bonne
police dans les diétines. C'eft un mal, j'en
conviens, que des gentilshommes, dont
la nobleffe eft équivoque, qui n'ont aucune poffeffion, ou qui font attachés au
fervice de quelque feigneur, aient droit
de fuffrage dans les affemblées de leur
palatinat. Mais que la Pologne feroit heureufe, fi c'étoient là les plus grands défordres auxquels elle dût remédier. Si les
confédérés veulent que cette nobleffe indigente & douteufe, dont votre patrie eft

peuplée, ne puisse plus assister aux diétines, que voulez-vous qu'elle devienne ? Que lui restera-t-il ? Si vous voulez achever de l'humilier, ne devez-vous pas craindre son désespoir ? Je vous prie de faire attention que, dans un pays où les gentilshommes seuls forment la nation, il seroit très-dangereux de séparer les intérêts de cette petite noblesse de ceux de la république. Vous perdriez des citoyens dont la pauvreté vous est à charge, mais dont le courage, l'industrie & les b a, peuvent vous devenir utiles. N'est-ce pas assez que la Pologne soit couverte de paysans, de bourgeois & de juifs, qui n'ont rien à gagner en voyant votre prospérité, & rien à perdre en voyant votre ruine ? Dans la réforme d'un mauvais gouvernement, il faut peut-être, pour faire le plus grand bien possible, ne pas aspirer à une trop haute perfection. L'Europe ne se soutient aujourd'hui que par des abus ; il n'est pas question de les détruire tous : quelle politique pourroit y réussir ? Mais elle ordonne de faire un choix, d'user à l'égard de plusieurs d'un grand ménagement, de se contenter de les ébranler, & de n'attaquer de front & avec courage que ceux qui font contraires aux premiers principes de l'ordre, ou qui ne peuvent jamais être bons à rien.

Je l'ai déjà dit, mais je ne puis le redire trop fouvent : en méditant une réforme dans un pays libre, le point capital eft de ne fe point faire redouter & de fe rendre agréable à tout le monde. Je craindrois qu'en demandant trop, les réformateurs ne fe miffent dans le cas de ne rien obtenir; par prudence ils doivent fermer les yeux fur plufieurs vices qu'il feroit utile de détruire. Si on veut attaquer à la fois tous les abus, je prévois que ceux qui en profitent feront une ligue pour les maintenir; & quelles loix, quels magiftrats, quelle puiffance pourront réfifter à la force de cette conjuration ? Il fuffit aujourd'hui de prendre des mefures pour empêcher que les diétines ne foient déformais diffoutes & rompues. Les préjugés nationaux s'affoibliront infenfiblement, & les paffions prendront un autre cours à mefure que la puiffance législative s'affermira. C'eft après cette révolution que le gouvernement attaquera avec fuccès les vices qui gênent aujourd'hui les réformateurs. Un tems viendra

où la république fiere de fes progrès &
fûre de fes forces, parce qu'elle parlera
à des hommes mieux intentionnés & capables de l'entendre, pourra commander
en maître & profcrire fans ménagement
tout ce qui bleffe la gloire & s'oppofe à
la profpérité de la nation.

En attendant cet heureux moment, ne
faudroit-il pas traiter la Pologne comme
un malade qui a eu une maladie trop grave
pour ne pas avoir une convalefcence très-
longue ? Panfez fes plaies, mais que ce
foit avec une main légere, & n'employez
que les baumes les plus balfamiques.
Pour moi, je vous l'avoue, je ne puis
voir, fans une forte de frayeur, cette nobleffe innombrable, impérieufe quoiqu'a-
vilie, c'eft-à-dire infolente, qui fe venge
fur le peuple de l'humiliation avec laquelle elle fe profterne aux pieds des
grands qu'elle haït, pleine de fes anciens
préjugés, qui ne connoît aucun des devoirs du citoyen, & qui eft répandue
dans toutes vos provinces. Si la république, ainfi que je l'efpere, fecondée des
forces de la Porte, a des fuccès qui la
mettent en état de fecouer le joug de la
Ruffie & de refondre fon gouvernement,

ne faut-il pas s'attendre que toute cette noblesse, qui vote aux diétines & n'est quelque chose que parce qu'elle vit dans l'anarchie, sera plus fiere que jamais, aimera davantage ses vices, & sera plus disposée à rire de la sagesse des réformateurs & de leurs projets, qu'à obéir à des loix nouvelles ?

Les confédérés de Bar, qui se préparent à présenter à la république un nouveau plan de gouvernement, doivent donc se hâter lentement. Je suis bien long sur cet article, monsieur le comte ; & si cet écrit n'étoit fait que pour vous, j'aurois abrégé mes tristes réflexions. Mais il passera, selon les apparences, dans les mains de quelques citoyens vertueux qui pourroient être les dupes de leurs bonnes intentions, si on ne les avertissoit pas de s'en défier. S'il en étoit besoin, je vous citerois ici, je ne sais combien de gens de bien qui, faute de politique, ont fait plus de mal à leur patrie par un zele indiscret que beaucoup d'hommes méchans dont le nom est déshonoré. Que les confédérés ne songent donc pas à mettre la derniere main à l'ouvrage dont ils ne sont destinés qu'à jeter les fondemens. Leur

réputation n'en souffrira pas ; & la postérité qui leur devra ses lumieres, découvri-
ra sans peine que son bonheur est l'ouvrage de leur circonspection. Nos peres ,
dira-t-on un jour, n'étoient pas capables de
s'élever subitement jusqu'au plus haut degré de perfection où nous sommes enfin
parvenus. Bénissons la mémoire des grands
hommes qui nous ont montré le but auquel nous devions atteindre , & qui nous
ont mis dans le chemin qui devoit nous y
conduire.

Ne devant point y avoir de terme fixe
pour la clôture des dietes générales , on
ne peut assigner un jour pour l'ouverture
des diétines postcomitiales ou de relation. On sera instruit d'avance dans la capitale, du tems où l'assemblée législative se
séparera , & on peut laisser aux nonces le
soin d'informer leur palatinat du tems
qu'ils s'y rendront : les officiers des provinces convoqueront en conséquence
les diétines Les nonces rendront compte
de leur conduite , & requerront que les
nouvelles loix soient enrégistrées dans le
greffe du palatinat. S'il s'éleve quelque
contestation au sujet de cet enrégistre-
ment, on établira des comités pour exa-

miner les points débattus ; & dans le cas où l'un d'eux opineroit d'une voix unanime à rejeter une loi, il feroit réglé qu'on procéderoit à un fecond examen dans la prochaine diétine antécomitiale. Si alors la même oppofition fubfiftoit encore, le palatinat feroit des remontrances à la diete législative. L'efpérance qu'on aura d'obtenir la fuppreffion de la loi dont on fe plaint, ou de la faire modifier, empêchera les efprits de fe livrer à un emportement qui blefferoit la majefté du législateur. Cependant il fe formera de nouvelles affaires ; diftraite par de nouveaux foins, une diétine fe foumettra infenfiblement à une loi dont elle ne demandera plus la révocation avec la même chaleur. Le gouvernement acquerra des forces, & l'ufage des proteftations s'affoiblira à mefure que le tems, les loix & l'ufage rendront le législateur plus refpectable. Tant que le nouveau gouvernement pourra craindre & devra ménager les erreurs & les préjugés nés fous l'ancien, il doit par fageffe plutôt prier qu'ordonner. Si une diétine intraitable s'obftinoit à rejeter une loi, il vaudroit encore mieux confentir à n'y pas foumettre fon palatinat, que de prendre le parti rigoureux de l'accabler sous le poids de l'autorité publique. Dans ces circonstances il faut se garder de ne pas agir avec la bonne-foi la plus religieuse. Attendez que l'expérience éclaire les esprits prévenus : si par quelqu'adresse ou quelque clause insidieuse, le législateur veut se préparer quelques moyens de revenir sur ses pas, elle ne servira qu'à rendre la diétine plus attentive, & son opposition lui deviendra plus chere. Je sens combien il est avantageux que toutes les provinces d'un état aient le même droit, les mêmes loix & les mêmes coutumes : mais ce bien, quelque grand qu'il soit, ne doit pas être acheté aux dépens de la tranquillité publique, & moins encore en ébranlant la puissance législative, sur laquelle repose le salut de la patrie.

Pour empêcher que les diétines de relation ne s'arrêtent à chicaner opiniâtrément leurs nonces & les décrets de la diete législative, il seroit à propos, je crois, de présenter à ces assemblées provinciales des objets intéressans, qui attireroient & fixeroient leur attention. Ne réussiroit-on pas en ce point, si on régloit que cinq ou six jours après que les nonces auroient rendu compte de leur miffion, la diétine poftcomitiale fe changeroit en diétine qu'on appelle *boni ordinis*, de bon ordre ? C'eft dans ces dernieres diétines qu'on regle les comptes particuliers du palatinat, qu'on reçoit les impôts de fes commis, qu'on ftatue fur tous les befoins, qu'on accorde des fecours aux citoyens pauvres, & qu'on récompenfe ceux qui ont rendu quelque fervice important. Il me femble donc qu'on peut s'en fervir utilement pour diftraire la petite nobleffe des foins qui concernent la législation.

Les affaires dont je viens de parler, & que traitent les diétines de bon ordre, touchent & intéreffent des gentilhommes obfcurs, d'une toute autre maniere que des loix générales, dont ils font fouvent incapables de connoître l'efprit ; il faut donc leur laiffer à cet égard la plus grande liberté. On dit qu'il s'eft introduit dans ces affemblées plufieurs abus, fruits de la cabale & de l'intrigue. Je croirois que le législateur doit la tolérer : ils n'attaquent pas les parties nobles & effentielles de la fociété ; d'ailleurs, ils s'affoibliront infenfiblement, à mefure que des loix plus

fages

fages apprendront aux Polonois à aimer le
bien public. Je voudrois en quelque forte
qu'on attendît pour réformer ces vices des
diétines, qu'elles en fentiffent les inconvéniens, qu'elles demandaffent elles-mê-
mes, ou du moins defiraffent une réforme. Si elles tardoient trop à s'appercevoir de leurs befoins, on pourroit fe
fervir de quelques bons citoyens pour leur
ouvrir les yeux. A l'exception de quelques hommes inquiets, méchans & fédi-
tieux, qui ne peuvent rien efpérer que
dans la licence & le trouble, l'amour-propre perfuadera aux autres qu'ils ont tout
à efpérer de l'établiffement du bon ordre,
& qu'une regle dictée par la juftice fera
favorable à leur mérite & à leurs fervices.

Pour éviter la cohue, les clameurs & les
querelles, fi propres à conferver l'efprit
d'anarchie qu'il vous eft fi important de
détruire, il feroit très-avantageux que
toutes les affaires fuffent préparées & d'a-
bord difcutées dans des comités; l'on ne
doit négliger aucun moyen pour en rendre l'ufage familier. Que dans les délibérations on ne donne jamais fa voix par
fcrutin. Il faut accoutumer les citoyens à
ofer dire publiquement leur penfée; il y

a peu d'hommes affez effrontés pour ne pas rougir en montrant la baffeffe de leurs fentimens, mais il y en a beaucoup qui ne favent pas fe refpecter quand ils n'ont qu'eux-mêmes pour témoins de leurs actions. Il feroit très-utile de partager chaque palatinat en différentes tribus, différentes centuries ou différens diftricts, dont chacun auroit fon préfident ou fon fyndic, & dont toutes les voix ne formeroient qu'un feul fuffrage.

Je terminerai tout ce que je viens de dire fur la puiffance légiflative, en avertiffant encore les confédérés qu'ils échoueront dans leur entreprife, ou du moins ne procureront à leur patrie qu'un bien faux, court & paffager, s'ils n'emploient pas toute leur politique & toutes les reffources de leur génie à établir folidement l'autorité du légiflateur, à la faire refpecter, & fur-tout à la faire aimer. Quand on a étudié les caufes de la décadence & de la ruine des états, on ne peut fe déguifer que ce ne foit à l'ignorance, à la foibleffe ou à l'ineptie de cette puiffance qu'on doit attribuer tous les vices, toutes les erreurs, tous les préjugés, toutes les calamités qui ont défolé la terre.

C'eſt cette puiſſance qui eſt l'ame de la ſociété. Je n'ai point étudié votre hiſtoire, monſieur le comte ; mais il me ſemble qu'il ſuffit de connoître vos confédérations & votre *veto*, pour être convaincu que vous êtes dans la plus parfaite anarchie. Malgré les réglemens que vous publierez, l'eſprit qu'elle a fait naître ſubſiſtera encore long-tems ; il fera des efforts continuels pour détruire votre ouvrage. Si vous n'employez contre lui que la force, vous l'irriterez, & il emploiera à ſon tour contre vous & la force & la ruſe ; pour déſarmer cet ennemi, il faut ne lui oppoſer que des loix qu'il puiſſe & doive aimer.

CHAPITRE IV.

De la puissance exécutrice relativement au pouvoir législatif.

IL ne suffit pas, monsieur, pour donner à la puissance législative la dignité & l'empire qui lui sont nécessaires, de porter les loix dont je viens d'avoir l'honneur de vous entretenir. Quand la noblesse Polonoise établiroit dans ses dietes & ses diétines la forme que je desire, quand elle renonceroit au *veto*, qui lui est si cher, consentiroit à avoir des loix, & ne voudroit plus rétablir l'ordre & la paix par des confédérations ; vous n'auriez encore fait que la moindre partie de la réforme que vous méditez. La puissance législative fera des loix ; mais à quoi serviront ces loix, si les citoyens peuvent désobéir impunément ? Elle est donc obligée de créer des magistrats, qu'elle charge du soin de veiller à l'observation de ses ordres & de punir les délinquans. Il est évident qu'il faut donner à ces magistrats la considération & la force dont ils ont befoin pour s'acquitter de l'emploi difficile dont ils font revêtus ; & c'eft ce pouvoir que le légis-lateur confere aux magiftrats, que nous appellons la puiffance exécutrice. Cet établiffement exige de la part de la politi-que, les plus grandes lumieres & la pru-dence la plus confommée ; mais par mal-heur les circonftances ne lui permettent prefque jamais d'exécuter les projets que fa fageffe a médités.

Si la puiffance exécutrice eft établie fur de favantes proportions, fi elle eft partagée & diftribuée avec affez d'art entre les ma-giftrats pour qu'ils reftent foumis à la puif-fance législative en même tems qu'ils for-cent les citoyens d'obéir religieufement aux loix ; le gouvernement s'affermira de jour en jour, l'amour de la patrie donnera des mœurs. En connoiffant fes devoirs, le citoyen craindra d'abufer des vices & des irrégularités qu'on n'avoit pas d'abord pu profcrire : fous la protection des loix, il jouira avec confiance de fa liberté, & la république floriffante pourra efpérer & fe promettre une longue profpérité. Au con-traire, fi vous accordez aux magiftrats un pouvoir affez étendu pour qu'ils en puiffent abuſer contre le citoyen , ou trop foible pour ſe faire reſpecter ; vous en ver‑ rez naître , monſieur le comte , les abus les plus dangereux. Au lieu de protéger , les loix opprimeront, & dans cette défian‑ ce où les magiſtrats & les citoyens ſeront les uns à l'égard des autres , l'état toujours agité verra publier des loix auxquelles on n'obéira plus ; ou plutôt il verra que la puiſſance légiſlative , bientôt avilie & dé‑ gradée , ſera aujourd'hui le jouet d'un peuple inſolent , & demain l'eſclave de magiſtrats ambitieux.

Il ſuffit de réfléchir un moment ſur la nature de nos paſſions , de connoître leur force , leur énergie , leurs ruſes & leur adreſſe , pour juger que je ne prédis pas des malheurs chimériques. Dès que les magiſtrats pourront éluder la loi , tromper la puiſſance légiſlative & être vicieux im‑ punément , eſpérez‑vous qu'ils réſiſteront aux tentations de l'avarice & aux charmes de l'ambition ? Si ces deux paſſions , en ſe gliſſant dans Sparte & dans Rome, les ont perdues , quels ravages ne feront‑elles pas en Pologne ? C'eſt la meſure des droits & du pouvoir , que la puiſſance lé‑ giſlative doit confier aux magiſtrats ; c'eſt

le partage de ce pouvoir en différentes
mains, qui forme peut-être le problême
politique le plus difficile à résoudre. Toute
l'histoire n'est qu'une preuve de cette vérité : tantôt vous verrez des peuples qui
ont été malheureux parce qu'ils n'ont pu
se résoudre à donner à leurs magistrats
assez d'autorité ; tantôt vous en verrez
d'autres qui ont été sévérement punis,
pour les avoir rendu trop puissans. Un
peuple vous fait - il envier sa prospérité ?
je vous invite, monsieur le comte, à re-
monter jusqu'à la cause qui l'a produite ;
vous trouverez sûrement des magistrats
à qui il étoit impossible de désobéir aux
loix qu'ils faisoient constamment observer
par les simples citoyens.

Tout législateur doit partir de ce principe, que la puissance exécutrice a été,
est & sera éternellement l'ennemie de la
puissance législative. Nos passions, & sur-
tout l'avarice & l'ambition qui sont deve-
nues l'ame du monde, l'ordonnent ainsi,
parce que ne devant jamais être contentes
de ce qu'elles possedent, elles ne sont occupées que du soin d'acquérir ce qu'elles
n'ont pas encore, & de satisfaire toutes les
autres passions qui ont besoin de leur se-

cours. Le plaisir que goûte le magiftrat
en jouiffant de l'empire qu'il exerce fur
les citoyens, l'invite à fecouer le joug de
la puiffance législative ; & il le fecouera
indubitablement, fi on ne lui donne pas
des collegues intéreffés par leurs propres
paffions à s'oppofer à fes vues ambitieufes, ou fi le court efpace de la magiftrature ne lui interdit pas de trop vaftes efpérances : dès-lors il eft aifé de juger quelle
oppreffion & quels défordres doivent régner dans cette malheureufe république.
Ces principes me paroiffent certains, &
j'en vais faire l'application au gouvernement de la Pologne, examiner de quel
ufage ils peuvent être dans la réforme que
méditent les confédérés.

CHAPITRE V.

De la puissance exécutrice considérée dans la personne du roi.

On ne peut considérer de quelle manière la Pologne a disposé de la puissance exécutrice, sans découvrir la plupart des vices & des erreurs qui ont causé la ruine de plusieurs nations. Aux prérogatives immenses, monsieur le comte, dont votre roi ou votre premier magistrat jouit de tems immémorial, on peut juger que vos peres, soit engouement, soit faute de lumieres, accorderent au premier citoyen qu'ils éléverent sur le trône, des droits incompatibles avec la liberté qu'ils aimoient. Les Polonois furent bientôt avertis de leur faute ; mais au lieu de la réparer en ôtant au roi les droits dont il lui étoit si agréable & si facile d'abuser, ils lui laisserent les prérogatives qu'ils lui avoient imprudemment données, & exigerent encore plus imprudemment qu'il fût juste & respectât religieusement leurs privileges

& leur dignité. L'hiftoire de Pologne n'offre qu'une longue fuite de diffenfions domeftiques , que l'on terminoit parce qu'une nation fe laffe de la guerre civile , & qui recommençoient bientôt parce que la paix qu'on avoit jurée n'étoit établie fur aucun fondement folide.

Tandis que vos ancêtres ne confultoient que leur colere , leur indignation , leur vengeance & leur ambition , vos rois qui abufoient tous les jours davantage des bienfaits de la nation , pour la corrompre & l'affervir, augmenterent infenfiblement leur autorité. L'alarme fut générale ; & pour abaiffer le roi, vous élevâtes fes miniftres. Vous n'aviez qu'un homme qui voulût vous gouverner arbitrairement , & bientôt vous en eûtes plufieurs qui s'étant enrichis des dépouilles de la couronne , commirent ouvertement des injuftices & des violences , dont le prince n'eut pas l'art de profiter pour les perdre & s'établir fur leurs ruines : l'anarchie la plus monftrueufe fut le fruit de ces diffenfions. Avec des mœurs moins dures & moins fauvages, les Polonois feroient devenus auffi efclaves que leurs payfans ; mais des malheurs qui auroient accablé

un peuple civilifé & ami de la paix , irri-
terent & fouleverent une nation guer-
riere , & elle regarda les confédérations ,
c'eft-à-dire la guerre civile , comme la
feule reffource favorable à la liberté. On
fe laffa cependant de toujours combattre
pour n'être gouverné que par de nouvelles factions ; les rois reprirent donc infenfiblement leur premiere autorité : pour
l'affermir ils voulurent la rendre plus confidérable , & leurs bienfaits répandirent
une telle corruption dans les dietes , que
vous adoptâtes enfin le *veto* , dans l'efpérance qu'au moins un bon citoyen s'oppo-
feroit à la vénalité des nonces , & fauve-
roit la république d'une ruine infaillible.

Mais je ne veux pas vous arrêter plus
long-tems fur des réflexions qui font fi dé-
fagréables ; laiffons le mal , & paffons au
remede que demandent les circonftances
préfentes. Tant que les magiftratures de
Pologne feront données à vie , il eft évident pour tout homme qui connoît le
cœur humain , que les magiftrats les plus
fages & les plus juftes s'acquitteront mollement de leur devoir , & que les autres
fépareront leurs intérêts de ceux de la
république & travailleront à augmenter

C vj

leurs richeſſes , ou à ſe faire une autorité qui leur ſoit propre. Les confédérés doivent - ils donc propoſer à la diete de ne plus créer un roi, des miniſtres & des ſénateurs que pour un très - court eſpace de tems ? Quand on pourroit ſe flatter que ce projet fût adopté dans un moment d'enthouſiaſme pour le bien public, je réponds qu'il faudroit bien ſe garder de faire une pareille réforme : il y a un point de perfection auquel il eſt quelquefois inſenſé d'aſpirer. Dans un pays livré depuis long-tems à l'anarchie, où les richeſſes ont trop de valeur , & rempli de grands ſeigneurs qui ont plutôt des idées d'ambition & de tyrannie que d'égalité , ſeriez-vous les maîtres de vous ſervir avec ſageſſe de la loi que vous auriez portée , dans la vue d'animer l'émulation & de récompenſer le mérite ? Ces fréquentes élections, ſi ſages dans une république qui n'eſt pas corrompue , ne ſeroient propres qu'à exciter une fermentation qui n'eſt déjà que trop conſtante, trop générale & trop vive ; elles multiplieroient les brigues , les cabales , les partis , les rivalités , les haines , & multiplieroient par conféquent les malheurs de la Pologne. Qui

vous répondroit que du sein de cette anarchie il ne s'éleveroit pas une tyrannie
accablante ? Accoutumés à ne pas compter sur votre république, à traiter de vos
intérêts domestiques avec les puissances
étrangeres, & à tout oser parce que les
grands se sont mis au-dessus des loix, ne
pourroit-on pas vous prédire que la Pologne seroit ouverte aux armes des étrangers, & qu'il vous seroit impossible d'é-
chapper à la servitude ?

Dans la situation actuelle des choses,
j'ose donc avancer que, bien loin de ne
conférer la royauté ou votre premiere magistrature que pour quelques années, il
importe au contraire à la Pologne de rendre la couronne héréditaire. Quelque révoltante que paroisse d'abord cette proposition, je prie, monsieur le comte, les
personnes à qui vous communiquerez cet
écrit, de suspendre leur colere & d'avoir
la patience d'écouter & d'examiner ensuite
mes raisons. S'ils veulent pour un moment s'élever au-dessus de leurs préjugés,
ne conviendront-ils pas avec moi, qu'il
résulteroit de l'hérédité du trône un
plus grand calme dans la république ? J'en
appelle à l'expérience. N'est-il pas vrai,

que sous le regne du prince même le plus propre à se concilier la confiance publique, on commence à éprouver les agitations que doit causer l'élection de son successeur ? On forme cent projets chimériques qu'on croit toujours pouvoir réaliser, & on sacrifie sa patrie, ses devoirs & ses vrais intérêts à ses folles espérances. L'interregne survient, & il se fait un ébranlement général dans la nation. Le plus petit gentilhomme se croit un personnage important, parce que l'orgueil des grands s'humilie pour acheter son suffrage dont ils ont besoin. Toutes les loix se taisent, toutes vos provinces sont dévastées, & on diroit qu'on cherche à vous faire éprouver tous les inconvéniens de l'anarchie, pour vous préparer à obéir avec plus de docilité au roi que vous allez élire. Mais on finit par vendre la couronne, ou recevoir, à la recommandation de quelque puissance étrangere, un prince qui ne vous aimera pas & que vous haïrez. On vous a achetés ou intimidés, & il n'aura pour vous aucune reconnoissance. Il ne songera qu'à profiter des vices & des désordres de la république, pour la subjuguer & se rendre plus puissant.

Ainfi, par une action réciproque, l'élection amene un mauvais regne, & un mauvais regne prépare une élection vicieufe.

Il n'y a que l'hérédité qui puiffe remédier à tant d'abus ; elle feule peut donner quelque confiftance à votre gouvernement, de la force aux loix, & apprendre aux Polonois que pour aimer le bien public, leur liberté ne doit point dégénérer en licence. La royauté héréditaire produira cet effet, pourvu que le roi, borné à repréfenter la majefté de l'état, comme un roi de Suede, ou un doge de Venife, reçoive des hommages refpectueux, n'ait qu'une ombre d'autorité ; pourvu qu'il ne puiffe plus corrompre fes fujets par des graces & fe faire des créatures aux dépens de la république; pourvu qu'un fénat fort différent de celui que vous avez actuellement, le guide, le conduife, & l'empêche de s'égarer ; en un mot, pourvu que, dépouillé d'une autorité dont il abufe néceffairement, il ne faffe que remplir une place à laquelle tout le monde afpire, & qui ne peut être ni vuide ni remplie fans exciter de grandes tempêtes dans un pays où tous les grands feigneurs ne peuvent se passer d'un roi, le haïssent s'il est capable de les gouverner, le méprisent & conjurent contre lui, si sa foiblesse leur permet d'espérer & de tenter une révolution.

Dans les entretiens, monsieur, que j'ai eu l'honneur d'avoir avec vous & avec quelques-uns de vos compatriotes, j'ai appris avec plaisir que plusieurs citoyens distingués par leurs lumieres & leur amour pour la patrie & les loix, ne sont pas éloignés de rendre la couronne héréditaire. Mais, je vous l'avoue, j'ai vu avec autant de surprise que de chagrin, que les vœux de ces bons citoyens sembloient se réunir en faveur de l'électeur de Saxe. Je sais bien que les personnes qui sont à la tête de la confédération ne sont pas capables d'une pareille erreur ; cependant permettez-moi de m'arrêter ici un moment pour la combattre. Je demanderois quelles grandes obligations les Polonois croient avoir à la maison de Saxe. Ont-ils donc oublié qu'Auguste II a été accusé pendant tout son regne d'aspirer au despotisme ? En effet, on lui reproche avec raison d'avoir marqué très-peu de respect pour vos loix & les *pacta conventa*, & moins encore pour vos mœurs qui avoient con-

servé jusqu'alors une certaine âpreté convenable à des républicains, & à laquelle
il a substitué une mollesse recherchée, qui
ne pouvoit s'associer avec une liberté aussi
agitée que la vôtre, vous annonçoit les
plus grands désastres.

Vous n'avez point donné votre couronne à Auguste III, elle a été un don de
la Russie; & l'ascendant que cette puissance a pris impérieusement sur vous, est
l'ouvrage de ce regne. Un prince à qui
vous étiez suspect, parce que vous ne l'a-
viez pas élu, vous fit l'affront de croire
qu'il ne pouvoit être votre roi qu'en se faisant en Pologne le lieutenant de la cour
de Pétersbourg. Le ministre auquel il avoit
abandonné toute son autorité, vous a forcés de courir vous-mêmes au-devant du
joug que les confédérés veulent secouer
aujourd'hui; il vous fit connoître que
vous n'obtiendriez aucune grace de votre
roi que par la recommandation de la
Czarine. Auguste ne se voyoit qu'à regret
parmi vous; il vous oublioit à Dresde,
& ne visitoit la Pologne que malgré lui.
De là les progrès de votre anarchie, & la
foiblesse qui a rompu les foibles liens de
votre gouvernement.

Je ne veux pas certainement que vos compatriotes conservent leur ressentiment, & punissent dans les fils les fautes des peres ; mais je voudrois qu'ils appercussent leur erreur, qu'ils en prévissent les suites, & qu'ils ne fussent pas les dupes de leurs espérances. Je les prie d'examiner avec soin s'il n'y auroit aucune imprudence à choisir pour le premier magistrat d'une république, un prince déjà puissant par lui-même, & qui possede des états où il regne avec un pouvoir absolu, & je dirois presque, arbitraire. Soyez persuadé que ce roi, choqué malgré lui de vos prétentions & de vos formalités, vous haïra autant qu'il aimera ses dociles Saxons. Croyez-vous qu'il soit aisé à un prince d'avoir, pour ainsi dire, en lui-même deux hommes différens; de savoir être à la fois magistrat en Pologne & despote en Saxe? Si vous ne le jugez pas capable de faire de la Saxe une république, sur quel fondement présumez-vous qu'il aura l'ame assez juste, assez noble, assez grande pour ne vouloir pas changer la république de Pologne en une monarchie absolue?

Mais si on rendoit votre couronne héréditaire, la politique vous impose la loi de ne confier à votre roi qu'une ombre d'autorité ; je demande aux Polonois par quels moyens ils pourront exécuter ce projet, quand ils auront placé au-deſſus d'eux un électeur de Saxe. Se flattent-ils qu'une capitulation nouvelle, dreſſée avec beaucoup plus d'habileté & de ſageſſe qu'autrefois, ces *pacta conventa*, dont les clauſes les plus expreſſes aſſignent de la maniere la plus claire les bornes de l'autorité royale, feront un rempart aſſuré pour votre liberté ? Toutes les nations ſont pleines de ces vieux titres, de ces vieux diplômes, de ces vieilles chartes, que les ſouverains ne font aucune difficulté de ſigner & de violer. Après tant d'exemples qui nous apprennent le cas qu'on fait des ſermens, quel eſt l'homme aſſez ignorant pour ne pas ſavoir que l'ambition gouverne impérieuſement les princes, & que la juſtice & la vérité oſent à peine bégayer quelques remontrances, en ſe proſternant aux pieds d'un monarque qui peut perdre ſes ennemis & élever ſes partiſans à la plus haute fortune ?

Je conſens que, par vos nouvelles loix, vous ayez ôté à votre roi toutes les prérogatives qui vous ont rendu ſes prédé-

cesseurs si dangereux , & vous ont forcés
de recourir aux confédérations & au *veto*.
Je veux qu'il ne puisse plus corrompre ses
sujets & se faire des courtisans, en donnant à des citoyens corrompus les charges , les dignités & sur-tout les utiles starosties , qui doivent être la récompense
de la vertu. Mais empêcherez - vous que
votre nouveau roi , électeur de Saxe , ne
se serve des revenus de son électorat pour
vous acheter & vous accoutumer insensiblement à de lâches complaisances ?
Non, monsieur le comte, vos compatriotes ne feront jamais aucune loi pour
empêcher que l'argent de Saxe ne passe en
Pologne. Si vous me permettez de vous
dire librement ma pensée , je soupçonne
que les personnes qui favorisent la maison
de Saxe , n'y songent qu'à cause de ses richesses. Je ne veux pas dire que leurs vues
soient intéressées & criminelles , à Dieu
ne plaise. Ils sont vraisemblablement les
dupes de cette fausse politique qui trompe
& perd toute l'Europe ; ils croient sans
doute qu'il est avantageux d'attirer chez
soi beaucoup d'argent étranger , & que
la Pologne sera heureuse si les richesses
des Saxons contribuent en partie à ses besoins.

Pour moi , je suis persuadé que pour
mériter le titre de roi, il n'y a point de
prince qui ne se soumette à toutes les conditions qu'on voudra lui imposer.; & il se
consolera de la contrainte où on le tien-
dra , par l'espérance de s'en affranchir.
Quelque religieux observateur qu'il paroisse d'abord des *pacta conventa* , il est
homme, vous serez punis de l'avoir exposé à des tentations qui sont au - dessus
des forces de l'humanité . il songera à
vous asservir, il en méditera le projet,
& ne s'en écartera point. Nous le con-
noissons , me répondra-t-on , il a trop de
justice & de modération pour consulter
une ambition criminelle ; & sa politique
est trop éclairée pour aimer mieux gou-
vêrner des esclaves que des hommes
libres. Je pense exactement comme vous.
Mais, répondez - moi , connoissez - vous
aussi son fils, son petit - fils , son arriere-
petit-fils , &c? Dieu vous a-t-il appris
par une révélation, que les princes de la
maison de Saxe seront désormais des mo-
deles de justice & de sagesse ? On vous
flattera, on vous caressera, comme dans
tous les commencemens d'une domination nouvelle. L'histoire ne vous a-t-elle

pas appris que quelquefois de bons princes ont fait de grands maux à leur nation, en lui inspirant une confiance aveugle, ou en la distrayant de ses principes constitutifs & de ses vrais intérêts? Une distraction générale s'empare des esprits; on ébranle d'abord les loix, sous prétexte de faire un plus grand bien. Les nouveautés dangereuses s'accréditent, on répandra alors de l'argent, & tout est perdu, parce qu'un prince qui veut acheter des amis, trouvera toujours des sujets qui voudront se vendre.

Il seroit inutile d'entrer dans le détail de toutes les pratiques qu'on pourroit mettre en usage pour vous subjuguer; car je ne veux pas, à l'exemple de Machiavel, donner des leçons de tyrannie, & apprendre à l'injustice par quelles fraudes détestables elle peut réussir. Mais soyez sûrs que la politique est imprudente, si elle exige d'un homme des vertus qui sont au-dessus des forces de l'humanité. Soyez convaincus qu'un roi trop riche par lui-même, trouvera mille moyens pour éluder la force des loix. Peu d'adresse même suffira pour vous tromper, parce que vous ne demanderez qu'à être trompés; car plufieurs de vos compatriotes m'ont avoué affez franchement, que l'argent n'a pas moins de crédit en Pologne que dans le refte de l'Europe. Ignorez-vous combien l'amour de la liberté s'affoiblit aifément & s'éteint même entiérement, fi un prince veut amollir les ames par le luxe, la molleffe & les plaifirs ? Quand elles ont perdu leur force, combien n'eft-il pas aifé de les glacer par la crainte ?

On me répondra peut-être que mes alarmes font vaines, parce qu'en appellant l'électeur de Saxe fur le trône de Pologne, on ne manqueroit pas de porter une loi, par laquelle il feroit réglé & ordonné de la maniere la plus forte & la plus folemnelle, qu'après le regne de l'électeur qu'on auroit élu, les couronnes de Pologne & de Saxe feroient incompatibles. En conféquence de cette pragmatique, un des fils du roi reftera en Pologne, & l'autre ira régner dans les anciens domaines de fes peres. J'y confens ; mais qui m'ofera affurer qu'à force d'argent, de careffes & de complaifances, le roi Saxon ne fera pas révoquer cette loi falutaire dans une diete générale ? Les paffions font d'habiles fophiftes, & leurs fophifmes pafferont pour des démonftrations. J'en fuis fûr, on trouvera les meilleures raifons du monde pour prouver qu'il n'eft rien de plus avantageux à la Pologne que de s'annexer en quelque forte la Saxe, & de profiter de fes richeffes, de fon alliance & de fes fecours.

Mais quand la corruption ne feroit point affez générale pour abroger votre loi fondamentale, je ne ferois point fans crainte ; car la poïitique, en s'occupant de l'avenir, doit préparer des obftacles aux caprices même de la fortune. Il peut fe faire que le jeune électeur de Saxe, que vous aurez couronné, n'ait qu'un fils ; & dans ce cas, les Polonois renverront-ils cet héritier en Saxe, ou en le retenant, le forceront-ils de renoncer à fon électorat en faveur d'une branche de fa maifon ? Vos compatriotes, monfieur le comte, n'auront point la dureté néceffaire pour prendre l'un ou l'autre de ces deux partis. Il eft naturel, au contraire, qu'ils aient encore pour le fils la même indulgence qu'ils auront dejà eue pour le pere. Cependant ces deux regnes peuvent être très-longs, on fe fera accoutumé à l'union de la Pologne & de la Saxe. Avec le

fecours

secours des ducats de l'Empire, la prerogative royale aura fait des progrès, & il ne fera plus tems de s'oppofer à fes entreprifes. Je prie, monfieur, vos bons compatriotes de faire l'attention la plus férieufe fur ce que je viens de dire. J'ai beau chercher, je ne trouve aucun moyen pour empêcher qu'un roi de Pologne, qui jouiroit des revenus de l'électorat de Saxe, ne fût pas dangereux pour la nation, & fût affez généreux pour fe refufer conftamment à un pouvoir qui fe jeteroit, pour ainfi dire, dans fes mains.

Pour prévenir un pareil malheur, je voudrois donc que la loi que méditent vos réformateurs, défendît à votre roi d'avoir des poffeffions étrangeres, & qu'il renonçât d'avance à toutes les fucceffions qu'il pourroit attendre de fa famille. D'autres motifs vous invitent encore à faire ce réglement; & fi l'on veut s'en inftruire, on n'a qu'à interroger un Anglois qui connoît les intérêts de fon pays. Il vous dira que l'Angleterre auroit épargné beaucoup de fang & des fommes immenfes, fi fon roi n'avoit pas été électeur de Hanovre. Il importe à tout état de n'avoir qu'un intérêt, & la Pologne en aura néceffaire-

D

ment deux, dès que son roi possédera une province en-dehors. On vous associera à ses querelles, parce qu'on regardera cette politique comme un moyen de vous distraire de vos affaires domestiques & de vous asservir. Les flatteurs de la cour crieront de toute leur force qu'il est de votre honneur de défendre les intérêts de votre roi, & les Polonois sont sans doute trop généreux pour ne pas se laisser tromper par les raisonnemens de la flatterie.

Les revenus que la république accordera au roi, doivent être très-médiocres. Que les confédérés, monsieur le comte, se gardent de faire la faute des Anglois, qui ont mis entre les mains du prince des richesses capables de les corrompre, & qui, en le rendant trop puissant, doivent affoiblir peu à peu les droits du parlement. Ce seroit un grand bonheur pour vous, si vous pouviez réduire votre roi à vous donner des exemples de désintéressement, de modestie, de tempérance & de modération. Plus la liste civile du prince sera petite, plus la loi qui l'aura réglée, s'approchera de la perfection. Il seroit encore à propos que les revenus royaux ne fussent point établis sur des terres ou des domaines qu'on abandonneroit au roi. Le produit de ces terres doit tantôt augmenter & tantôt diminuer, & cette variation deviendra un mal pour la république. Dans le premier cas le roi sera plus riche que la Pologne ne le desire : dans le second il faudra suppléer à ce qui manque aux revenus ordinaires, & la porte est ouverte à mille abus. Il sera bien difficile de n'avoir pas une premiere condescendance ; & dès qu'on en aura eu une, il sera impossible de ne pas en avoir cent. Vous verrez que les terres de la couronne plus malheureuses que les autres, auront toujours éprouvé quelqu'accident. Je voudrois donc que le roi eût un revenu fixe & réglé, qui lui seroit payé par le trésor de la nation. On pourroit dès ce moment aliéner les domaines royaux, pour les employer à une foule d'établissemens qui vous manquent, & sans lesquels votre république ne sera jamais florissante. On pourroit partager quelques-unes de ces terres en portions modiques, dont on gratifieroit la noblesse qui auroit montré le plus de zele dans le moment de la réforme, & qui dès lors seroit plus intéressée à favoriser les loix nouvelles & à concilier les intérêts des diétines avec ceux de la diete générale.

Vous sentez, monsieur le comte, que je ne puis entrer sur cette matiere dans tous les détails qu'elle demande. Je dois me borner à proposer des vues générales, parce que les circonstances où l'on se trouvera dans le moment que les troubles cesseront, & qu'il faudra établir une nouvelle confédération, décideront de ce qu'on pourra faire de plus ou de moins favorable. Dans cette tourmente il ne faut point perdre de vue les grands principes ; mais en paroissant les abandonner, il faut s'en éloigner le moins qu'il sera possible, & se préparer des moyens de rentrer dans la route dont on a paru s'écarter.

Les Anglois ont eu grand tort d'abandonner à leur roi l'administration des finances, ils ont tenté sa cupidité & celle de ses ministres, & ont fait des intendans infideles. Si tout maniement d'argent corrompt les hommes, ayons du moins la prudence de ne le pas confier à ceux qui pour notre intérêt doivent avoir les mains les plus pures, qui par leur dignité & leur pouvoir ont la plus grande influence

dans l'état, & peuvent fe promettre l'impunité. J'efpere que les Polonois feront
plus fages que les Anglois. Ils trouveront
encore d'autres avantages dans la méthode que je propofe : l'un de ne pas expofer le roi à des reproches, l'autre de
pouvoir mettre plus aifément les finances
de la république fur un pied convenable
à fes befoins & à fa dignité.

Une loi expreffe doit défendre à la
diete générale de jamais acquitter les detres
du roi, fous quelque prétexte ou raifon
que ce puiffe être. Il ne doit pas lui être
permis d'acquérir des fonds & de faire un
patrimoine particulier à fes fucceffeurs.
L'argent qu'il aura amaffé, ou placé par
un agiotage indigne de lui dans des ban-
ques étrangeres, ne paffera point à fon
fucceffeur, la république en héritera.
Le revenu accordé à la couronne, doit
être fubftitué ou facré ; c'eft-à-dire, qu'un
prince en montant fur le trône, ne fera
pas tenu de payer les dettes de fon pré-
déceffeur. On fent aifément l'efprit de
ces loix, & les avantages qu'elles fe pro-
pofent. Le roi fera contraint, malgré fa
grande fortune, d'avoir de l'ordre, de
l'économie, & de n'avoir que les defirs

modestes d'un citoyen ; s'il est avare, il
le sera sans danger pour la république ;
s'il est prodigue, sa prodigalité ne sera
fâcheuse que pour lui & ses créanciers ;
& certainement il ne trouvera point sur
son crédit des sommes dont il pourroit
abuser pour donner des exemples funestes
de luxe. Pour débarrasser le prince du soin
de pourvoir au sort de ses enfans, que la
république donne & assure un patrimoine
médiocre aux mâles, & une dot aux filles :
la famille royale se trouvera ainsi dans la
dépendance éternelle de la nation. Pour
le dire en passant, il seroit à propos d'é-
tablir dans l'ordre de la succession une
regle pareille à ce que nous appellons *la
loi salique*. Des femmes ne sont pas faites
pour être les premiers magistrats d'une
république ; & d'ailleurs elles ne doivent
pas porter des droits dans des familles qui
pourroient ne vous pas convenir.

Je n'ai indiqué jusqu'à présent que la
moitié de l'ouvrage que les confédérés de
Bar doivent se proposer. Que serviroit,
je vous prie, de ne donner à un roi héréditaire qu'un revenu médiocre, si on lui
laissoit la prérogative de disposer à son
gré des graces, des faveurs & des récom-

penses de la république, droit dont vos
rois même électifs ont abusé de la maniere
la plus étrange & la plus funeste ? Le
prince ne manqueroit pas de s'en servir
pour débaucher les citoyens & les attacher à ses intérêts. La liberté à peine établie, ne pourroit donc subsister que pendant quelques années. Les Polonois méri-
teroient donc de la perdre, puisque sans
défiance pour l'avenir, ils auroient eux-
mêmes fourni au roi des chaînes pour les
garrotter. Qu'ils n'imitent pas les Anglois,
qui se plaignent continuellement des entreprises de la cour & de la corruption du
parlement, & qui aiment mieux être dans
des alarmes continuelles que de convenir
des vices de leur gouvernement.

Il vaut mieux suivre l'exemple que les
Suédois vous ont donné. Dignités ecclésiastiques, civiles & militaires, starosties,
biens royaux, tout doit être conféré, si
vous le voulez, au nom du prince, &
donné véritablement par la diete générale
ou par le sénat. Quand il vaquera une des
places qui donnent une jurisdiction ou un
commandement en chef, la diete présentera au roi trois candidats, parmi lesquels
il choisira celui qui lui sera le plus agréable.

A l'égard des dignités inférieures, le sénat fera également la préfentation de trois
candidats. La loi ne manquera pas fans
doute d'inviter le prince à rendre fa prérogative plus refpectable en récompenfant
le mérite le plus diftingué. Mais comme il
feroit imprudent d'efpérer que le confeil
de la loi fût exactement fuivi, & qu'il
pourroit arriver que le prince eût l'efprit
gauche, le cœur dépravé, & qu'il ne con-
fultât que ces caprices trop familliers aux
grands, il feroit à propos de ftatuer que
quand un candidat feroit recommandé
pour la troifieme fois par la diete ou le
fénat, il feroit du bon plaifir du roi de le
préférer à fes concurrens.

Outre que par cet arrangement on en-
leve à la couronne le moyen le plus efficace d'augmenter fon autorité, en chan-
geant en courtifans des hommes qui doivent être libres, on attachera encore les
Polonois à leur devoir. N'ayant déformais
de grace, de faveur, d'avancement à
attendre que de la nation, l'efpérance &
la reconnoiffance les porteront également
à aimer & défendre les droits & les loix
de leur patrie. N'en doutons pas, après
que le tems aura effacé les préjugés & dé-

truit peu à peu les habitudes vicieufes, qu'une longue anarchie a fait naître; les fénateurs, les miniftres, les nonces, les officiers qui s'acquittent aujourd'hui fi mollement de leurs fonctions, deviendront des hommes nouveaux. Leur exactitude développera une émulation générale qui ne laiffera parmi vous aucun talent inutile. On fera intéreffé à avoir de la vertu, & l'amour de la patrie prendra enfin la place de cet efprit de cour & de flatterie qui déshonore les grands à Varfovie, & la petite nobleffe dans les provinces.

Mais, dira-t-on, qui voudra d'une couronne auffi dégradée ? Je réponds qu'il faut porter dans les cœurs tous les vices d'un efclave, pour dire que la couronne eft dégradée par des loix qui ne font que la rappeller aux idées primitives de fon établiffement & du droit fondé par la nature entre les hommes. Puifque les Suédois ont eu le bonheur de trouver un roi, pourquoi les Polonois qui habitent une terre plus fertile, feroient-ils moins heureux ? Je ne crois pas qu'on faffe férieufement cette objection : mais fi par hafard un prince refufe la royauté ainfi tempérée & modifiée, j'en féliciterai la

D v

Pologne ; car c'eſt un grand bonheur de n'avoir pas pour roi un homme aſſez inſenſé pour n'eſtimer que le deſpotiſme, & croire qu'il lui eſt utile de n'avoir aucune barriere contre ſes paſſions. Il n'y a point d'homme raiſonnable, quand il s'étudie & connoît les bornes de la raiſon humaine & la fragilité de ſes vertus les plus ſublimes, qui ne trouve la fortune d'un roi aſſez grande, quand il eſt le premier magiſtrat d'une nation libre.

Quoique ce chapitre commence à être aſſez long, je n'ai pas tout dit, monſieur le comte ; & avant que de parler des autres branches de la puiſſance exécutrice, permettez-moi de faire encore quelques réflexions ſur les réglemens dont je viens d'avoir l'honneur de vous entretenir.

CHAPITRE VI.

Réflexions relatives aux loix qu'on a proposées au sujet de la royauté.

IL me semble que les loix que je propose relativement à la royauté, ne peuvent que plaire à la nation Polonoise. pourquoi sentiroit-elle quelque répugnance à ôter à ses princes des prérogatives & des droits dont ils ont constamment abusé ? Trouve-t-elle si doux de recourir au destructif *veto* & aux redoutables confédérations, pour les opposer à la puissance avec laquelle le roi corrompt tout, & domineroit impérieusement, si vous ne vous jetiez dans l'anarchie pour échapper au despotisme ? On regarde communément en Pologne le roi comme un ennemi domestique, dont il faut toujours se défier ; pourquoi donc s'y feroit-on un scrupule ou une difficulté de le dépouiller, pour rendre sa dignité & son nom plus chers à ses sujets ? Le grand-pere du roi Stanislas disoit qu'il préféroit

une liberté agitée à une servitude tranquille ; mais il auroit mieux aimé vivre
dans une république, dont les loix auroient uni la liberté & le calme. Je regar-
derois comme un crime de penser, monsieur le comte, que les arrangemens que
je viens de mettre sous vos yeux, fussent
rejetés par les bons citoyens que l'a-
mour de la patrie a placés à la tête de la
confédération, & qui depuis long-tems
s'exposent, pour défendre la liberté, à
des maux & à des dangers qui lasseroient
un courage & une patience qui ne seroient
pas héroïques.

Il est tems que la Pologne ouvre les
yeux sur les vices de son gouvernement,
& qu'elle juge que pour n'être plus exposée aux malheurs qu'elle éprouve aujourd'hui, il faut enfin recourir à d'autres
remedes que ceux qu'elle a employés jusqu'à ce moment. Vos palliatifs, le *veto*
& les confédérations ont agrandi les
plaies de l'état, & ils peuvent enfin les
rendre incurables. La Pologne reçoit aujourd'hui une leçon qui doit produire son
effet, si elle est capable de faire un retour
sur elle-même. Si elle attend de plus grandes calamités pour se corriger, il est à

craindre que le vaisseau si souvent battu
par la tempête, démâté & qui fait eau de
toutes parts, ne soit submergé au premier
coup de vent.

Vous comptez que vous serez toujours
en état de vous défendre, & que vous
trouverez toujours en vous-mêmes les
sentimens qui ont fait prendre les armes à
vos peres, pour venir au secours de la
république. Mais l'amour de la liberté,
l'amour de la patrie, la constance, le courage, la patience, toutes les vertus ont
des bornes dans le cœur humain. On a
vu les Grecs, on a vu les Romains se
lasser enfin d'une liberté qui leur coûtoit
trop de peines & de travaux. Ces républicains si fiers alloient au-devant du joug,
& flattoient bassement la main qui les opprimoit. Je crois que les Polonois sont
bien éloignés de cette bassesse, je suis persuadé qu'ils méritent encore les éloges
que vous leur donnez ; mais ne commen-
cez-vous pas cependant à entrevoir quelqu'altération dans leurs mœurs ? Sont-ils
encore ce qu'ils étoient sous Jean Sobies-
ki ? Un commencement de décadence
n'annonceroit-il pas une chûte encore plus
grande ? Je le vois, monsieur le comte,

vos compatriotes comptent trop fur le pouvoir de l'equilibre qui gouverne, di-fent-ils, l'Europe, & qui ne permettra pas qu'on les opprime. Mais j'ai pris la liberté de vous prouver que cette politi-que de l'équilibre n'eft qu'une chimere. La Pologne ne doit-elle pas fe détromper, en voyant avec quelle indifférence l'Eu-rope eft témoin de fes malheurs ? Ne doit-elle pas trembler, en voyant qu'elle ne fe foutient aujourd'hui que par le fe-cours de la Porte, qu'on a eu tant de peine à retirer de cette longue paix qui l'avoit engourdie ? Si les Polonois ne corrigent pas leurs loix quand ils auront la paix, il eft évident que la Ruffie qui conferve fes mêmes efpérances, ne re-noncera pas à fes projets ambitieux. Si elle tente encore de les afiervir, qui leur répondra que l'Europe ne fe trouvera pas dans une fituation telle qu'aucune puif-fance ne fera en état de les fecourir ? Tant que la Pologne ne pourra être d'aucune utilité à fes alliés, pourquoi efpere-t-elle qu'ils auront la générofité de fe facrifier à fes intérêts ? Enfin, monfieur le comte, il en faut revenir aux grands principes ; toute nation qui ne fe foutient pas par fes

propres forces, ne se soutiendra pas constamment par celles de ses alliés.

Je me persuade que les grands seigneurs de Pologne, ayant un plus grand
intérêt que les autres citoyens à jouir de
leur liberté, sont aussi plus intéressés à donner au gouvernement une stabilité & une
force qui protegent leur fortune. Leurs
terres doivent ne pas produire la moitié
des fruits qu'elles produiroient, s'ils comp-
toient assez sur les loix pour y faire des
établissemens utiles ; & elles sont rava-
gées, dès qu'une confédération fournit à
la noblesse indigente un prétexte pour
piller & butiner. Mais si la nation dissoute
passe sous une domination étrangere, que
deviendra cette grandeur qui est si chere ?
Le vainqueur confondra tout ; ou plutôt
sa main s'appesantira principalement sur
les grands dont toutes les prétentions seront si opposées aux siennes. Seroit-il
possible que l'espérance vague de monter
sur le trône, & dont tout seigneur Polonois, dit-on, nourrit son ambition & son
oisiveté, fût un motif pour quelques-uns
de s'opposer à l'hérédité de la couronne,
& aux modifications qu'on doit mettre
à la prérogative royale ? Un piaste qui

aspire à devenir roi , ne sait pas ce qu'il desire. Ses égaux qui le voient avec douleur au-dessus d'eux , deviennent ses ennemis ; il est condamné en quelque sorte à ne régner que sur des conjurés. On se console de n'être pas roi , pourvu qu'un autre Polonois ne le soit pas ; & c'est pour s'exclure réciproquement , que les grands appellent ordinairement un étranger. Ils croient que ces élections les font respecter en Europe : erreur. Une couronne donnée par l'intrigue ou achetée par l'argent , ne sert qu'à multiplier les haines & les rivalités qui vous divisent , & qui ont excité vos voisins à ne vous laisser que les vaines apparences d'une élection libre. Ne seroit-il donc pas utile aux grands de se débarrasser des soins cuisans que leur donne une couronne élective , & des malheurs qu'elle entraîne après soi ?

Si les grands vouloient conserver les prérogatives royales , parce qu'il leur seroit plus avantageux & plus commode d'attendre des faveurs & des distinctions du roi que de la nation , ils n'oseroient pas l'avouer. Ce seroit convenir qu'ils craignent les regards & le jugement du public , & qu'ils croient qu'il leur sera plus aifé de mériter des graces du prince par leurs affiduités & leurs flatteries, que de s'en rendre dignes auprès de leurs com- patriotes par des talens diftingués & des fervices réels. J'oferois prendre la liberté d'avertir quelques - uns de vos grands qui ont plutôt l'ambition d'un courtifan que d'un citoyen, de fe refpecter davan- tage & d'avoir plus de confiance en eux- mêmes. Ce font les vices de leur gou- vernement qui les oppriment. C'eft l'anar- chie d'une république qui ne peut avoir aucune regle, ni former aucune entreprife utile, qui les condamne à fe livrer à l'oi- fiveté dans leurs terres ou à la cour. Il ne faut que des circonftances plus heureu- fes, pour qu'ils trouvent en eux des ta- lens qu'ils ignorent. Qu'on s'honore en faifant le bien public ; & je vous réponds que les grands obtiendront plus aifément la faveur des citoyens, qu'ils n'obtiennent aujourd'hui celle de la cour. D'ailleurs ces grands peuvent-ils ignorer les avanta- ges d'une haute naiffance & d'une grande fortune ? La confidération dont ils jouif- fent à la faveur de leur nom, leur donnera toujours un grand crédit dans les diétines de leur palatinat, dans la république en-

tiere & dans la diete législative. Les nations les plus libres n'ont-elles pas obéi à
ce préjugé qui sembleroit devoir être ré-
fervé aux monarchies ? Que ces grands
foient donc fortement convaincus que,
fans avoir un mérite égal à celui d'un fim-
ple gentilhomme, ils obtiendront par pré-
férence les principales dignités.

Pour la noblesse d'un ordre inférieur,
il me femble qu'elle trouveroit un avantage effentiel dans les arrangemens que je
propose. Elle doit adopter avec plaifir une
conftitution qui ôteroit au roi les prérogatives de difpofer à fon gré de toutes les
dignités & de toutes les graces, puifque
la médiocrité de fon état & de fa fortune
ne lui permet pas d'approcher de la cour,
ou de fe rendre affez recommandable pour
fe faire craindre & acheter. Il ne s'agira
pour ces gentilshommes inconnus, que
de fe faire aimer & eftimer dans leur palatinat. Au lieu de ne fe fervir de leur
efprit que pour faire fortune par des
moyens bas & rampans, une nouvelle
carriere s'ouvrira pour eux, ils montre-
ront du zele dans leurs diétines, & ce zele
développera des talens. A peine un gentilhomme obfcur aura-t-il obtenu à force de

mérite, d'être mis dans la liste des candidats que les diétines recommanderont à la diete, & que la diete présentera au roi pour obtenir des dignités, que toute la petite noblesse espérera de sortir de son obscurité. On voit sans peine quel bien immense il doit résulter de cette espérance. Une émulation générale animera toutes les parties de la république. L'envie de se rendre utile & de se distinguer, qu'aura tout petit gentilhomme, deviendra un aiguillon pour les grands ; ils ne se négligeront plus, ils chercheront à s'instruire ; & avant que d'obtenir une place, ils voudront avoir acquis les connoissances nécessaires pour la remplir. De là la gloire & le bonheur d'une nation. Je prie de se rappeller qu'une des principales causes qui rendirent les vertus & les talens si communs dans la république Romaine, c'est la rivalité qui se mit entre les plébéiens & les patriciens.

Un peuple ne doit compte à personne des changemens qu'il fait dans son gouvernement & ses loix. Le droit naturel établit ce principe ; mais l'ambition des cours de l'Europe en a malheureusement établi un autre, qui ne permettra peut-

être pas aux Polonois de suivre les conseils d'une sage politique. Toutes les puissances sont occupées à s'observer mutuel-
lement, toutes tiennent à leurs préjugés,
aucun ne veut se corriger de ses erreurs ;
& pour ne rien perdre de sa considération, on voudroit que ses voisins fussent
incorrigibles. En méditant une réforme,
vous ferez naître des sentimens divers,
suivant les différens intérêts qu'on prend
à votre république. Quelques puissances
craindront de perdre l'influence qu'elles
ont acquise dans vos affaires, si elles
voient que vous commenciez à établir
parmi vous un ordre & une regle qui
vous feroient respecter. Les autres vous seconderont, dans l'espérance de vous avoir
pour alliés & de profiter de vos forces.
Cet objet important mérite quelques ob-
servations particulieres ; & avant que de
reprendre ce qu'il me reste à dire sur la
puissance exécutrice, je vous prie, monsieur le comte, de me permettre d'examiner dans le chapitre suivant les intérêts
des puissances de l'Europe relativement
à la réforme de vos loix.

CHAPITRE VII.

*Comment la réforme du gouvernement Po-
lonois doit être vue par les cours de
l'Europe.*

Il est juste de commencer par la Russie,
dont vous vous plaignez amérement, qui
n'a que trop d'amis & de serviteurs parmi vous ; & que par une extrême impuissance, ou par une suite nécessaire de
vos divisions & de votre foiblesse, vous
n'avez que trop souvent appellée comme
médiatrice & garante dans vos différends.
La conduite de cette puissance à votre
égard depuis le regne de Pierre premier,
vous instruit de ses vues & de ses projets.
Ce ne sera jamais que malgré elle qu'elle
renoncera à l'ambition de vous subjuguer,
ou du moins de regarder votre pays
comme une de ses provinces, & votre
roi comme son lieutenant.

Je vous prie de remarquer que la Russie s'est formée dans le tems que tous les
états de l'Europe, épuisés par leur luxe,

des guerres continuelles & des armées
trop nombreuses, ne pouvoient plus jouir,
de la même considération. La nouvelle
grandeur de Pierre premier, ses forces
de mer, la discipline de ses troupes, ses
succès contre les Suédois, & l'ordre qu'il
avoit mis dans ses finances, le placerent
naturellement dans le nombre des principales puissances, & firent rechercher son
alliance. Ce prince, qui auroit dû se borner sagement à policer l'intérieur de son
empire & à le peupler, s'abandonna à son
ambition. Ne pouvant s'agrandir qu'aux
dépens de la Porte, de la Suede & de la
Pologne. Il vit qu'il étoit séparé des Turcs
par des déserts; que des conquêtes en
Suede le retiendroient dans le nord, &
qu'en s'avançant au contraire en Pologne, il s'approcheroit des puissances qui
donnent le principal mouvement aux affaires de l'Europe, & dont il vouloit se
faire respecter. Il ne douta point que
l'empire qu'il avoit acquis dans le nord,
ne lui valût la plus haute considération
dans le midi. Une seconde raison, monsieur le comte, qui le porta à s'étendre
de votre côté, ce fut votre anarchie
même; il se flatta qu'elle favoriseroit ses

entreprifes, & qu'il auroit meilleur mar-
ché des Polonois que des Suédois & des
Turcs.

S'il m'eft permis de dire librement ma
penfée, j'avouerai qu'il eft furprenant que
la Pologne ne foit pas déjà devenue une
province de Ruffie. Au lieu de cette in-
conftance, de cette étourderie, de cette
avidité dont tous les peuples de l'Europe
font les dupes depuis plus de deux fiecles;
fi la cour de Pétersbourg eût employé la
conduite admirable des Romains, qui fa-
voient fi bien mettre à profit les paffions,
les vices & les vertus de leurs alliés & de
leurs ennemis, fi bien cacher leur ambition, fi bien préparer leurs conquêtes,
& fe faire aimer des peuples qu'ils vouloient affervir ; je ne vois point comment
les Polonois auroient pu échapper au danger qui les menaçoit.

Tout ce qui fe paffe aujourd'hui eft
une preuve que cette cour n'a point re-
noncé à fes projets d'agrandiffement. Les
confédérés doivent donc être fûrs qu'elle
tentera tout pour s'oppofer à la réforme
qu'ils voudront faire dans leur conftitution. Mais fi elle s'épuife dans cette
guerre, fi elle dérrange fes finances, fi

elle perd ſes meilleures troupes , & que la
Porte lui impoſe , comme elle a déjà fait
à Pierre premier , ſur les bords du Pruth ,
la loi de ne plus ſe mêler de vos affaires
domeſtiques ; que vous importe ſa mauvaiſe volonté à votre égard ? N'oſant plus
agir à force ouverte , ni inonder vos palatinats de ſes troupes , ce ne ſera que par
des intrigues & des cabales qu'elle traver-
ſera vos projets. Eſpérez donc , il vous
ſera encore permis de faire de grandes
choſes. On diroit que la politique Ruſſe
n'a rien calculé , n'a rien prévu , & ne
cherche qu'à étonner par la hardieſſe & la
ſingularité de ſes entrepriſes , ſans ſe ſou-
cier quelle en ſera la fin. Il me ſemble
qu'on ne peut s'empêcher de mal augurer
de ſes affaires ; & à moins de quelques
haſards extraordinaires ſur leſquels il n'eſt
jamais permis de compter , elle doit ſuc-
comber avant que d'atteindre le but qu'elle
ſe propoſe par cette guerre. Ses finances
ſeront plus tôt épuiſées que celles du
grand-ſeigneur. Il eſt vrai que les Turcs ,
après une paix de trente ans qui paroît
les avoir énervés , n'ont plus ces ſoldats
que Montecuculli eſtimoit. Les Janiſſaires
ont perdu leur ancien courage ; & ſous

les

les généraux inexpérimentés qui les commandent, cette campagne & la suivante feront peut-être encore malheureuses; mais s'il reste quelque sentiment d'honneur & de gloire dans l'empire Ottoman, ses disgraces même ne doivent-elles pas l'irriter & l'éclairer ? Ces soldats qui ne savent aujourd'hui que fuir, s'aguerriront, les fautes qu'on a faites serviront de leçon, & tandis que la Porte reprendra son ancien esprit, la Russie ne pourra enfin lui opposer que de nouvelles recrues. Ajoutez à cela, que les troupes de la confédération répandues dans toute la Pologne & la Lithuanie, où elles font la petite guerre, empêchent la Russie de réunir ses forces & de les porter toutes contre les Turcs.

Si mes conjectures ne font pas vaines, la cour de Pétersbourg ne verra point diminuer ses succès, sans être négligée de ses alliés. Ils la serviront mal dans le déclin de ses affaires, parce que c'est une politique très-ancienne dans le monde, & assez généralement reçue en Europe, de n'être attaché à ses amis qu'autant qu'ils font heureux, de les mal servir quand leur fortune est douteuse, & même de

E

les trahir dans l'adverſité. Mais ne nous en tenons pas à ces maximes générales. Je vous prie, monſieur le comte, faites attention que l'Angleterre, plus diviſée que jamais par les factions qui partagent le parlement, & occupée de ſes colonies prêtes à ſecouer le joug de leur métropole, ne ſera point en état de ſervir les vues de la Ruſſie. Certainement elle n'enverra pas dans la Méditerranée une armée navale pour ſeconder les efforts inutiles de l'eſcadre Ruſſe. Les Anglois prévoient qu'ils auront beſoin de leurs forces en Amérique, & ils connoiſſent d'ailleurs trop bien leurs intérêts pour ſouffrir qu'on ſacrifie le riche commerce qu'ils font dans les Echelles du levant, à celui du nord. Il n'eſt pas même vraiſemblable que la cour de Londres puiſſe ſervir la Ruſſie par des négociations. Si ſon crédit à la Porte n'eſt pas perdu, il doit être du moins fort ébranlé, depuis que le gouvernement a permis à des Anglois de s'embarquer ſur l'eſcadre de Ruſſie, ſoit comme officiers, ſoit comme ſimples matelots. Je ne fais point quel eſt l'état des négociations auprès du divan, j'ignore quel en eſt l'eſprit; mais j'oſerois avancer qu'il est plus aisé à la France de porter le grand - seigneur à continuer la guerre pour réparer ses disgraces & rétablir sa réputation, qu'à l'Angleterre de l'engager à faire une paix honteuse.

Quoique le Danemarck, autre allié de la Russie, affecte beaucoup de zele en sa faveur, remarquez avec soin que ce zele est infructueux, & soyez sûr que la cour de Coppenhague fait des vœux secrets pour la liberté des Polonois. Outre l'intérêt général & commun de voir humilier une puissance qui affecte sans art & sans retenue l'empire du nord, elle n'a point oublié les longues querelles que les duchés de Holstein & de Sleswick ont fait naître. Elle conserve ses haines ou du moins ses défiances, & le traité qu'elle a fait avec la cour de Pétersbourg ne la rassure pas entiérement. Elle doit craindre qu'en montant sur le trône, le grand-duc ne ratifie pas les conventions stipulées par sa mere, si le bon état de ses affaires ne lui permet pas d'oublier les prétentions de sa maison & de négliger un établissement considérable dans l'Empire. Pour peu que le Danemarck soit instruit du crédit médiocre qu'ont aujourd'hui les

traités les plus folemnels , il doit defirer
avec ardeur que la réforme de votre gouvernement dont il n'a rien à craindre ,
vous mette en état d'arrêter les progrès
de la Ruffie & d'intimider fon ambition.

La preuve que le roi de Pruffe n'eft pas
fincérement l'ami de la Czarine, c'eft qu'il
fe contente de parler de fon attachement
fans agir ; il pourroit avec fes forces & la
fupériorité de fon génie décider la queftion , & il ne le fait pas : il me femble
qu'on peut tirer de là une foule de con-
féquences. Il eft donc évident qu'il eft
auffi peu attaché aux intérêts de la Ruffie
qu'à ceux de la Pologne. Ce prince fe
fouvient des maux que les Ruffes lui ont
faits dans la derniere guerre ; il n'a pas
oublié que le premier acte de fouveraineté
de la Czarine régnante a été de fe déclarer
fon ennemie , en rompant brufquement
l'alliance étroite que fon mari avoit faite
avec lui. Un prince ambitieux, qui jouiffoit
de la gloire de n'avoir pas fuccombé fous
l'effort de l'Europe conjurée , touchoit
enfin au moment de fe venger & de faire
la loi à fes ennemis , & on le prive de
cette fatisfaction. La politique peut bien
prefcrire à ce prince de feindre des fenti-

mens qu'il n'a pas , mais fûrement elle n'effacera point dans fon cœur le fouvenir du tort qu'on lui a fait ; foyez perfuadé que les paffions confervent toujours leur empire.

Si les Ruffes font enfin battus , fi les Turcs reprennent leur ancien courage , je fuis fûr, monfieur le comte, que le roi de Pruffe verra cette révolution avec plaifir, & ne fe brouillera point avec la Porte, dont il aura tôt ou tard befoin contre la cour de Vienne & même contre la Ruffie. Je crois encore que ce prince ne fouffriroit pas patiemment que vous vous rendiffiez redoutables à vos voifins. Quelqu'habile qu'il foit à la guerre, quelqu'adreffe qu'il ait à démêler les refforts de cette intrigue cachée qui gouverne & agite l'Europe, je ferois affez porté à penfer qu'il ne s'oppofera point à la réforme de votre gouvernement, fi vous paroiffez vous contenter de recouvrer votre indépendance. Il n'a rien fait jufqu'à préfent qui faffe foupçonner qu'il penfe que les principes d'un bon gouvernement foient le fondement de la profpérité durable des états. Il eft accoutumé à ne compter que fur les talens, il ne voit rien au-

delà qui foit néceffaire à fes fuccès & à
fa gloire ; & il ne verra dans vos nouvelles loix que la fin de vos troubles & le
commencement d'une tranquillité civile
& domeftique.

Si les Turcs, toujours malheureux,
étoient obligés de demander la paix, j'a-
voue que je ne vois point comment la
Pologne pourroit fe défendre contre la
Ruffie, & ne pas confentir aux conditions humiliantes qu'elle impoferoit. Je
ne devine point d'où vous pourriez attendre quelque fecours. Puifqu'on vous né-
glige aujourd'hui, parce qu'on craint de
faire des efforts inutiles pour vous empêcher de fuccomber ; quand vous aurez
fuccombé, vous tendra-t-on la main pour
vous relever ? Mais j'écarte, monfieur le
comte, ces triftes idées ; &, comme j'ai
eu l'honneur de vous le dire, il y a toute
apparence que la cour de Pétersbourg fera
obligée la premiere de pofer les armes.
Dans ce cas, bien loin de s'oppofer à la
réforme de vos loix, ne doutez pas que
la Porte ne favorife puiffamment les con-
fédéres, ne fût-ce que pour humilier davantage fes ennemis, & élever une efpece de trophée à fes victoires.

De toutes les puissances voisines de la Pologne, la plus difficile à manier, c'est sans doute la cour de Vienne. Sa politique en général est plus lente, plus réfléchie & plus constante que celle des autres cours, & selon les apparences elle doit cet avantage au gouvernement féodal de l'Empire, qui lui donne de grands titres & peu de pouvoir. Avec des vassaux qui ont de grands droits, quelquefois des forces considérables & souvent des alliés très-puissans, on est obligé de cacher ses vues, de séduire, de s'insinuer avec adresse & de préparer avec art l'autorité à laquelle on aspire. Quelquefois la politique Autrichienne s'endort, c'est-à-dire, qu'elle semble oublier ses principes; mais elle ne les abandonne pas, & ne fait rien qui y soit contraire.

Tout le monde sait que Charles-Quint avoit, si je puis parler ainsi, une ambition vague, qui sans objet fixe & déterminé d'agrandissement, se portoit à la fois à toutes les entreprises dont il espéroit tirer quelqu'utilité. Il paroît que ce prince a formé le caractere de l'ambition de sa maison. Ses premiers successeurs l'imiterent; mais l'expérience ayant enfin appris à ces princes qu'il vaut mieux finir une affaire que d'en entamer dix, ils ont mis plus d'ordre dans leur politique ; & en s'occupant entiérement de leurs intérêts préfens, ils fongent à ceux qu'ils peuvent avoir un jour, & fe gardent de rien faire qui puiffe y être contraire.

Si la maifon d'Autriche, monfieur le comte, n'a pas profité des défordres de votre anarchie pour vous fubjuguer, ou du moins pour avoir chez vous le crédit dont la Ruffie y jouit, vous ne le devez qu'aux affaires importantes dont elle a été occupée depuis deux fiecles dans le midi de l'Europe. Mais je ne voudrois pas répondre qu'elle ne regardât pas vos divifions & tous les vices de votre gouvernement comme autant de moyens & de titres pour vous foumettre un jour à fa domination. Si ma conjecture eft fondée, ne doutez point que la cour de Vienne ne fût très-fâchée de vous voir fortir de votre anarchie, & ne crût cette entreprife contraire à fes intérêts & à fes efpérances.

Je ne fais à quoi l'on doit attribuer l'indifférence avec laquelle elle eft témoin de la guerre des Turcs & de la Ruffie. Eft-ce une fuite de fes liaifons avec la France qui vous favorife ? La maifon d'Autriche voit-elle avec jaloufie l'afcendant que la Ruffie a pris dans vos affaires ? Ou pour conferver une alliance néceffaire contre la Porte, ne veut-elle pas fervir l'ambition d'une puiffance qui ne pourroit en vous fubjuguant s'approcher de la Hongrie & de l'Empire, fans devenir fon ennemie ? Après avoir ouvert au confeil de la confédération un afyle à Eperiès, pourquoi votre miniftre à Vienne ne peut-il entamer aucune négociation ? Il n'eft pas furprenant que n'ayant aucune connoiffance des perfonnes qui gouvernent les cours, & ne lifant pas même les gazettes, je fois embarraffé : mais vos confédérés ne doivent pas l'être, & ce feroit à eux à réfoudre tous ces problémes. Quoi qu'il en foit, je crois que vous devez tout tenter pour tenir d'abord l'impératrice reine dans cette efpece de neutralité qu'elle montre, & enfuite pour la rendre favorable à vos projets de réforme.

Ce dernier point me paroît fi important, que je ne balancerois point, à la place des Polonois, d'offrir la couronne au duc de Saxe-Tefchen; & ce choix

E v ___

vous concilieroit tous les partifans de la maifon de Saxe. Si cette propofition étoit reçue avec froideur, on pourroit élever fur le trône le futur mari de l'archiduchefſe qui eſt à marier. J'irois même, permettez-moi, monfieur le comte, de dire tout ce que je penfe; j'irois jufqu'à prendre un archiduc pour roi. Vous me répondrez fans doute, que le duc de Saxe-Tefchen n'aura vraifemblablement point d'enfans, & qu'ainfi vous vous trouverez encore expofés aux inconvéniens d'un nouvel interregne & d'une nouvelle élection. Vous remarquerez que cette perfpective ouverte à l'ambition entretiendra parmi vous l'efprit de cabale, d'intrigue & de parti, qu'on ne peut trop fe hâter de détruire, que le gouvernement toujours ébranlé ne perdra aucune confiftance, & qu'on prendra l'occafion la plus favorable de faire une réforme. Mais paffons au choix d'un archiduc. Vous me direz que vos compatriotes font accoutumés à craindre la maifon d'Autriche. Je connois les fentimens qui accompagnent une pareille crainte, & en conféquence les Polonois feront d'autant moins difpofés à couronner un archiduc, qu'ils ne douteroient point qu'il ne parvînt bientôt avec le secours de sa maison à s'emparer d'un pouvoir arbitraire.

Je réponds qu'il seroit aisé, en plaçant le duc de Saxe-Teschen sur le trône, de nommer éventuellement son successeur, dans le cas où il n'auroit point d'enfant mâle. Cette double élection préviendroit, si je ne me trompe, les inconvéniens que vous craignez, & ce seroit même un moyen de vous attacher quelque maison dont les secours pourroient vous être nécessaires. Il est vrai que l'idée d'un archiduc roi de Pologne offre d'abord quelque chose d'effrayant à des hommes assez jaloux de leur liberté pour aimer le *veto* & les confédérations ; aussi n'est-ce qu'à la derniere extrêmité qu'on peut recourir à pareil expédient, & dans le cas où ce seroit le seul moyen pour gagner la cour de Vienne & l'attacher à vos intérêts. Cependant il ne faut pas se faire des terreurs paniques. Dans une affaire de cette importance, c'est la raison & non pas les préjugés qu'il faut consulter. Il me semble que, si j'avois l'honneur, monsieur le comte, d'être votre compatriote, je placerois fort volontiers un archiduc sur le trône, pourvu que ce fût aux conditions que j'ai établies dans un chapitre précédent.

Sans doute qu'on formeroit à Vienne de grandes espérances sur la fortune de l'archiduc. On se flatteroit qu'il augmenteroit d'abord son autorité par une politique lente & constante, & qu'il se serviroit ensuite de son pouvoir pour travailler à l'agrandissement de sa maison qui l'auroit favorisé & servi dans ses entreprises. Mais tout cela ne doit paroître qu'un beau rêve qui peut amuser la ville de Vienne, mais incapable d'effrayer la Pologne. En attendant tout ce pouvoir à venir, je gagerois que l'impératrice reine, dont toute l'Europe admire les vertus, aura plutôt la politique d'une mere qui veut établir solidement ses enfans, que celle d'une princesse ambitieuse que le despotisme seul peut satisfaire. Elle conseillera à son fils de ne pas trahir ses sermens, & de se rendre agréable à la nation qui l'aura adopté. Si elle craint que son fils encore jeune ne soit porté à confondre, comme la plupart des princes, l'autorité & la gloire, elle l'invitera ellemême à se modérer & à ne faire naître aucune défiance. Elle lui apprendra que la voie la plus sûre de préparer les progrès de sa puissance, c'est de paroître satisfait de celle qu'on lui confie. Pour mieux instruire son fils & l'accoutumer à son état, elle se gardera avec soin de blesser les opinions des Polonois.

Cependant cette princesse, dont on se défie aujourd'hui, ne régnera pas éternellement, & la Pologne doit sentir qu'il n'y aura plus la même intelligence entre votre roi & la cour de Vienne. Un frere n'a point les sentimens d'une mere, & selon les apparences, l'empereur sera moins occupé de la fortune de son frere que de la sienne; & s'il n'est pas ambitieux pour lui, je ne crois pas qu'il le devînt en faveur de votre roi. En vérité, monsieur le comte, peut-on s'alarmer sérieusement en voyant l'agrandissement & l'élévation des différentes branches d'une maison, quand on connoît un peu les passions humaines & l'empire avec lequel elles gouvernent les cours ? Les successeurs de Charles-Quint & de Ferdinand eurent-ils entr'eux cette union qui auroit fait trembler l'Empire & l'Europe entiere ? Je pourrois vous citer une foule d'exemples pour vous prouver que des princes d'une même maison ont souvent des intérêts très-différens. Mais permettez - moi seulement de vous demander si quelque chose pouvoit être plus ridicule que toutes ces déclamations puériles, par lesquelles on tentoit d'alarmer l'Europe au commencement de ce siecle, quand il s'agissoit de la succession d'Espagne. Que devint cette masse du pouvoir qui devoit tout écraser ? A peine Louis XIV avoit-il fermé les yeux, que les François & les Espagnols prirent les armes & se firent la guerre.

Un archiduc que vous éleveriez sur le trône, renonceroit à tout ce qu'il peut attendre des successions de sa maison, & par-là il s'attacheroit plus étroitement à vous. Si la cour de Vienne n'emploie que les voies de l'insinuation pour accroî-tre l'autorité de son archiduc votre roi, vous pouvez vous suffire à vous-mêmes. En effet le patriotisme que votre nouveau gouvernement aura fait naître est un rem-part impénétrable contre l'intrigue & la corruption. Si elle veut mettre en usage la force, ce qui n'est pas vraisemblable, vous trouverez des alliés tout faits dans

les ennemis naturels de la maison d'Autriche. Vous aurez la Porte, vous aurez
les princes de l'Empire, vous aurez peut-
être la Ruſſie. Cette bourraſque même
pourroit vous devenir utile, & vous attacher plus fortement à vos nouvelles
loix. Le tems fera enfin ce que la politique
ſeule auroit dû faire, & les branches Au-
trichiennes qui régneront à Varſovie &
à Vienne, ſe regarderont comme des
maiſons étrangeres.

De toutes les autres puiſſances de l'Europe, il n'y a que la Suede & la France
qui puiſſent s'intéreſſer ſincérement aux
progrès de vos affaires & à la réforme de
votre gouvernement. La premiere craint
la Ruſſie & la haït ; cette crainte & cette
haine que vous partagez avec la Suede,
doivent ſervir de fondement à votre liai-
ſon. La Livonie a été autrefois une pomme
de diſcorde entre les Suédois & vous ;
mais ces anciens différends ne ſubſiſtent
plus, & ſont oubliés, & vous n'avez
aujourd'hui que des raiſons de vous aimer.
La Suede verra avec plaiſir que vous
adoptez les principes de ſon gouvernement, & ce ſera pour elle une raiſon de
vous aimer, de vous ſervir & de vous

aider autant qu'elle pourra, & fans s'é-
carter de la politique pacifique dont elle
a befoin pour confolider fon excellente
conftitution, & défendre les préjugés,
les erreurs &, qu'il me foit permis de le
dire, les vices que les Suédois tiennent
des regnes de Charles XI & de Charles
XII, & qui nuifent à la fûreté de leur
nouveau gouvernement. Bien loin d'être
jaloufe des forces que vous acquerrez en
fortant de votre anarchie, la Suede les
regardera comme fon propre bien ; & elle
efpérera de s'en fervir utilement contre
la Ruffie, fi cette puiffance ne renonce
pas à l'ambition dont elle inquiete fes
voifins. Comptez de votre côté fur les
fecours & les diverfions de la Suede ;
mais elle ne fe piquera point, car fa fituation ne lui permet pas encore cette politique fublime, elle ne fe piquera point de
la gloire d'obliger des ingrats & une république en défordre, qui n'eft pas en état
d'avoir une volonté, de prendre une réfolution certaine & de fe défendre elle-
même : elle attendra pour vous fervir, que
votre alliance puiffe lui être avantageufe.
Dès aujourd'hui fes loix peuvent vous
être de la plus grande utilité. Les Suédois

ont été aussi malheureux que les Polonois avant la célebre révolution de Gustave Vasa ; & ce qu'ils ont fait depuis peut vous instruire de ce que vous devez faire.

La France est l'alliée naturelle de la Pologne, & comme la Suede, elle ne peut que gagner à voir augmenter vos forces & votre puissance. Il seroit inutile, monsieur le comte, de rapporter ici les raisons qui l'ont empêchée de se déclarer ouvertement en votre faveur ; il suffit de voir sur la carte par quelles vastes provinces la Pologne & la France sont séparées, pour juger que nous ne pouvions point vous aider par nos armes ; mais nous avons engagé le grand - seigneur à prendre votre défense, & c'est vous avoir rendu le service le plus important. Si la France entend ses intérêts, & sans doute elle les entend, elle secondera les desirs que vous avez de changer vos loix & de donner une nouvelle forme à votre gouvernement. Plus vous lui ferez connoître vos intentions à cet égard, le zele & les espérances des confédérés, plus vous augmenterez l'ardeur que nous avons de vous être utiles. Si vous devez cacher vos projets & vos espérances à la cour de

Vienne , vous ne pouvez au contraire les montrer avec trop de confiance au ministere de Versailles. Il lui importe que la Pologne, dont la prospérité ne peut jamais lui donner aucune inquiétude, sorte de son anarchie & devienne une puissance sur laquelle on soit en droit de compter. Il lui importe d'avoir dans le nord un allié qui puisse faire des diversions utiles, & qui par sa position soit en état d'attaquer les puissances qui tenteront de nous nuire.

Vous devez ne rien craindre , & même ne rien espérer des autres puissances. L'Angleterre , ainsi que j'ai déjà eu l'honneur de vous le dire, s'est fait des affaires trop sérieuses avec ses colonies , pour vouloir se mêler des vôtres. Le beau tems des Provinces-Unies est passé à force de s'être mêlées des querelles des rois , d'avoir été les dupes de la politique de l'équilibre & fait dans l'Europe un rôle trop considérable, & elles sont tombées dans un état d'épuisement & de foiblesse dont personne ne se doutoit, & que l'avant-derniere guerre a fait connoître à tout le monde. La Hollande a pris enfin par nécessité les principes de conduite qu'elle

nuroit dû adopter par sagesse après la paix
sle Westphalie. Elle ne s'occupe aujour-
l'l'hui que de son commerce ; après l'avoir
ifait fleurir en menaçant de ses armes ceux
jqui auroient voulu le troubler , elle veut
ele conserver prudemment par des com-
lplaisances. Pour naviguer librement dans
tla mer Baltique , elle observera la plus
exacte neutralité au sujet des affaires du
nord. Que leur importe que vos loix
soient sages ou non ? Ce qui les touche
uniquement ou préférablement à tout ,
c'est le bled que les Polonois vendent à
Dantzic , & qu'elle achete pour nour-
rir une partie de ses habitans on le revendre dans toute l'Europe.

L'Espagne , le Portugal & les princes
d'Italie ne vous seront , je crois , d'aucun
secours. La plupart de ces puissances
paroissent ne point porter leurs regards
jusques dans le nord. Occupées de leurs
intérêts présens , elles ne veulent pas
s'inquiéter à prévoir & à prévenir les
événemens que la fortune peut amener ,
& qui , selon les apparences , n'entreront
jamais beaucoup dans leurs affaires. Le
pape qui avoit sur vous une vraie magistrature par son nonce , devroit ne pas

oublier combien il seroit avantageux pour
lui que votre république devînt ce qu'elle
devroit être. Mais je me suis déjà trop
écarté de mon objet, & il est tems, monsieur le comte, de revenir à la réforme
de votre gouvernement, & de vous entretenir de la puissance exécutrice.

CHAPITRE VIII.

De la puissance exécutrice relativement au sénat & aux ministres ou grands-officiers de la couronne.

EN traitant jusqu'à présent de la puissance exécutrice, je n'ai parlé que du roi, & n'ai songé qu'à réparer la faute que vos peres avoient faite de lui confier l'exécution des loix & toute l'administration des affaires de la république : vos malheurs ont été une suite nécessaire de cette imprudence. Mais après avoir repris une autorité dont vous n'auriez jamais dû vous dessaisir, ne croyez pas qu'il ne vous reste plus rien à faire. Vous avez vu les raisons qui m'ont déterminé à croire qu'il vous importe d'avoir un roi héréditaire ; & avant que de vous exposer mes idées sur la maniere dont vous devez former le sénat qui doit le conseiller, l'instruire & le guider, permettez-moi d'ajouter que pour établir solidement votre tranquillité, vous devez déclarer de la maniere la plus

forte & la plus solemnelle, que la personne du roi est inviolable & sacrée.

S'il est permis de lui demander compte
de sa conduite, de la juger & de la punir, n'est-il pas certain que vous conser-
verez dans votre nouveau gouvernement
la plupart des vices de l'ancien ? Ne nous
flattons pas : les passions & les préjugés
avec lesquels on est familiarisé par une
longue habitude, ne disparoissent point
en un instant, & ils nous gouvernent
encore à notre insu, quand nous croyons
de bonne foi en être débarrassés. Dans
un pays tel que le vôtre, où les citoyens
seroient d'une fortune presqu'égale à celle
du prince, & avant que la vanité des
grands se soit accoutumée à l'hérédité,
soyez persuadé qu'il subsistera un reste
de fermentation qui empêchera de jouir
tranquillement du bonheur public. On
verra avec jalousie la supériorité du prince, on l'enviera, & la jalousie & l'envie,
en réveillant la haine & l'ambition, s'opposeront à la tranquillité de la république. On voudra que le roi réponde des
événemens de la fortune, des injustices
ou des négligences de ses officiers ; on ne
lui pardonnera même pas des distractions

ou des fautes inféparables de la foibleffe
humaine ; on lui fera des crimes de tout,
dans l'efpérance de rétablir l'ancien défordre & de s'emparer de la couronne. La
Pologne feroit donc encore agitée par
des intrigues, des cabales & des factions
continuelles. Avant que l'ufage de vos
confédérations foit oublié, on y auroit
encore recours ; & dès que la guerre civile feroit une fois allumée, qui pourroit
répondre du fort de vos nouvelles loix &
de votre république ? Au contraire, ne
doit-on pas craindre que les vices & les
préjugés anciens ne fe montrent avec
d'autant plus d'emportement qu'on aura
tort de les gêner par les loix ?

De ce qu'il vous importe que la perfonne du roi foit inviolable, j'en ai con-
clu qu'il falloit diminuer autant qu'il eft
poffible fes devoirs, fes fonctions & fa
prérogative. Car il me femble, monfieur
le comte, qu'il faut renoncer aux notions
les plus fimples du fens commun, pour
permettre qu'un homme qu'on ne peut
ni ne doit juger ni condamner, & qui
auroit par conféquent des paffions plus
impérieufes & plus impatientes que les
nôtres, foit chargé de l'adminiftration

publique ; c'est-à-dire , pût commettre les attentats les plus funestes à la société. C'est en conséquence de ces réflexions que je vous ai proposé de borner , autant qu'il vous sera possible, les devoirs du roi. Il est juste qu'il ne puisse rien par lui-même , puisqu'on ne lui demandera compte de rien.

C'est donc dans les mains du sénat, dont le roi ne sera que le président, qu'on doit déposer toute la puissance exécutrice. Mais pour que ce corps remplisse fidélement ses fonctions , sans être jamais tenté d'abuser de son pouvoir, il faut nécessairement établir un nouvel ordre de choses, qui en forçant les Polonois à prendre de nouvelles idées , déroute , si je puis parler ainsi , leurs passions & leurs habitudes. Il est indispensable , pour que la nation donne sa confiance au sénat, qu'elle choisisse elle-même les personnes qui le composent. Si ce corps étoit chargé du soin de se recruter & de choisir ses membres, qui ne voit pas qu'il auroit bientôt des intérêts séparés de ceux de la nation ? Les sénateurs, d'abord unis pour corrompre la noblesse & la façonner au joug , se diviseroient
dès

dès qu'ils auroient réuſſi dans leur fatale entrepriſe ; & la tyrannie du ſénat ne tarderoit pas à dégénérer en une oligarchie ſéditieuſe. Les Polonois auroient donc leurs triumvirs qui partageroient entr'eux toute la puiſſance publique, juſqu'à ce qu'un Céſar ou un Octave ſe rendît enfin le maître de tout. Il me ſeroit aiſé de développer la marche & les progrès d'une pareille révolution ; il ſuffiroit de faire connoître la nature de nos paſſions, qui s'irritant & par l'eſpérance de réuſſir & par les obſtacles qui les contrarient, nous pouſſent ſouvent au-delà du terme que nous nous propoſions.

Je crois qu'il eſt facile de démontrer qu'une république ne peut être ſagement adminiſtrée, qu'autant que la puiſſance légiſlative nomme elle-même les miniſtres qu'elle charge de l'exécution des loix, & conſerve le droit de leur faire rendre compte de leur conduite & de les juger. Je vous prie de vous rappeller combien vos peres, en abandonnant au roi le privilege de nommer aux places qui conferent la dignité de ſénateur, ont accumulé de maux ſur leurs têtes. Vous voyez combien les Anglois ſe trouvent mal de ne

pas choisir eux-mêmes les conseillers &
les ministres du prince. S'il est foible ou
peu éclairé, il ne sera entouré, malgré
ses bonnes intentions, que par des intrigans qui le tromperont. S'il a des lumieres, on le gouvernera par ses passions
sans qu'il s'en apperçoive. S'il est dur,
ambitieux & injuste, il n'aura dans son
conseil que des complices de son injustice
& de son ambition. C'est ainsi qu'avec les
apparences d'un peuple libre, les Anglois
commencent à être les esclaves de la
cour, qui peut-être enfin ne se donnera
plus la peine d'acheter les suffrages du
parlement.

Les sénateurs ne doivent avoir aucune
part à la puissance législative. Vous sentez que s'il leur est permis de se confondre
dans la diete avec les nonces, l'expérience qu'ils doivent avoir dans les affaires, & l'autorité dont ils doivent rester
revêtus après la séparation de l'assemblée
législative, les rendroient aisément les
maîtres de la pluralité des suffrages ; ainsi
vous n'auriez bientôt que des loix favorables à l'ambition du sénat & contraires à
la liberté de la nation. Si je borne ce corps
à être le ministre & l'organe des loix, je

lui abandonne toute la puiſſance exécutrice. Rien ne doit gêner le ſénat, ni ſuſ-
pendre l'exécution de ſes décrets. Son autorité s'étendra également ſur toutes les
branches de l'adminiſtration, ſoit au-dedans, ſoit au-dehors, il convoquera les
dietes & les diétines extraordinaires,
quand des beſoins ou des dangers impré-
vus l'exigeront; & les univerſaux qu'il
expédiera à cette fin, contiendront les
motifs de cette réſolution & les objets ſur
leſquels on délibérera, afin que les palatinats ſoient à portée de donner des inſtructions à leurs nonces, & de faire connoître
le vœu général des citoyens. Les ordres
ou décrets du ſénat ſeront exécutés
comme des loix; ſauf aux perſonnes qui
ſeroient léſées, de proteſter reſpectueu-
ſement & de porter leurs plaintes à la
diete générale pour demander une répa-
ration légitime. Pendant long - tems vos
loix qui n'auront pas proſcrit tous les abus
& tout prévu, paroîtront ne vous pas
ſuffire; car les confédérés auront ſans
doute la prudence de ne pas accabler ou
révolter la république, en voulant pourvoir à la fois à tous ſes beſoins. Quand la
loi paroîtra ſe faire, ou que le ſens en ſera

équivoque, le sénat aura le droit de faire des réglemens provisoires, qui n'auront force de loi que jusqu'à la prochaine diete qui les réglera ou les adoptera à son gré. Il est de la plus grande importance pour une république qui se forme, & pour la vôtre sur-tout, qui est accoutumée depuis si long-tems à l'anarchie, qu'aucune indécision ne suspende le cours & le jugement des affaires. Si les réglemens provisoires sont sages, la puissance législative profitera des lumieres du sénat pour mieux connoître les besoins de la nation. Si elle les annulle & les modifie, les loix nouvelles qu'on publiera instruiront les sénateurs & aideront à fixer leur politique.

Il faut tâcher d'établir pour l'examen & l'expédition des affaires, des formes dont il ne soit jamais permis de s'écarter ; car les hommes avec des passions si vives & une raison souvent si foible & si obscure, ont besoin d'une méthode pour chercher & trouver la vérité. Si la diete est assez sage pour s'imposer à elle-même des loix & des termes propres à prévenir toute erreur, il lui sera aisé de donner au sénat une constitution & des réglemens qui le mettront dans la néceffité d'étudier, de connoître & d'aimer fes devoirs. On établira des confeils felon les différens befoins de la république, & ils feront au fénat le rapport de toutes les affaires dont il doit décider. Le chancelier recueillera les voix; & en cas de partage, celle du roi fera comptée pour deux, & départagera le fénat, dont l'activité ne doit jamais être fufpendue. Le réfultat des délibérations fera porté fur les regiftres, & fouvent par les fénateurs qui auront été de l'avis dominant. Le greffier ou fecretaire du fénat aura foin d'infcrire de fa main au bas de l'acte le nom de tous les fénateurs préfens à la délibération, & qui n'ont pas été de l'avis qui a prévalu. Ces regiftres feront communiqués à la diete, quand elle les demandera; & les nonces pourront s'inftruire de l'affiduité des fénateurs, & du degré d'eftime que la nation doit aux talens, aux lumieres & à la probité de chacun d'eux. Quand les actes du fénat feront expédiés & rendus publics, ils ne feront fignés que du roi & du miniftre au département duquel ils font relatifs. Si ces actes avoient paffé contre l'avis du roi & du miniftre, ni l'un ni l'autre ne fe fera cependant un scrupule de cette signature qui n'est pas une marque d'approbation, mais qui déclare seulement que l'acte est authentique.

Jamais la politique ne conseillera de conférer une autorité à vie ; elle craindroit de corrompre ceux qu'elle veut employer à faire le bien. En effet, quel moyen lui resteroit-il pour empêcher que le citoyen qu'elle aura revêtu d'une autorité perpétuelle, n'oublie pas qu'il ne doit être qu'un simple citoyen chargé de la censure de ses semblables & de la défense des loix ? Tantôt il abusera de son crédit pour se rendre plus puissant, & tantôt il ne s'en servira qu'avec une mollesse qui n'est guere moins funeste pour la société. Plus la Pologne a été exposée jusqu'à présent à ces abus, plus elle doit prendre de précautions pour les déraciner. Songez, monsieur le comte, que vos ministres ou vos quatre grands officiers sont parvenus par une longue suite d'usurpations, à disposer arbitrairement des affaires de leur département. Qu'en devroit-il résulter ? Le sénat n'a conservé aucun droit parce qu'il n'avoit aucun pouvoir ; & les sénateurs contens d'un titre

& d'une confidération qui forçoient les arbitres ou les tyrans de la république à les ménager, fe crurent au - deffus des loix, & négligerent la patrie & leurs devoirs. A peine dans les affemblées les plus nombreufes, après les convocations les plus folemnelles, & dans les circonftances les plus critiques & les plus importantes, compte-t-on à Varfovie cinquante ou foixante fénateurs. Si j'ofois le dire, cette indifférence des plus grands perfonnages de la république me perfuaderoit que l'amour de la patrie n'eft qu'un fentiment bien foible en Pologne, & qu'il n'a pas formé toutes ces confédérations qui fe font vantées de s'armer pour défendre la liberté.

Il eft fâcheux que la dignité de fénateur foit attachée à de certaines places ou à de certaines charges qui font données à vie, & qu'il foit abfolument impoffible de faire à cet égard le moindre changement. J'efpere que des évêques, des palatins & des caftellans nommés déformais par la nation, s'acquitteront de leurs fonctions avec plus d'exactitude, de fidélité & de zele que leurs prédéceffeurs, qui n'ont dû trop fouvent leur élévation qu'à

des intrigues, des baſſeſſes & des flatteries. Mais à vous parler franchement,
monſieur le comte, je ne compterois
guere ſur ces apparences, ſi l'on négligeoit
de mettre dans le gouvernement un reſ-
ſort capable de porter déſormais les ſénateurs au bien, & de leur donner un nouvel intérêt & un nouveau caractere. Il eſt
d'autant plus néceſſaire de rompre les habitudes de pareſſe, d'indifférence & d'i-
nertie, contractées ſous le gouvernement
actuel, qu'il n'eſt pas poſſible de vous
débarraſſer de votre malheureux ſénat,
& d'y introduire de nouveaux évêques,
de nouveaux palatins & de nouveaux caſtellans. Je vous parle, monſieur le comte,
avec une franchiſe qui ſeroit bien ridicule,
ſi vous & les autres chefs de la confédération vous n'étiez pas capables d'entendre les vérités les plus fâcheuſes quand
elles ſont utiles à votre patrie. Il faut donc
que les loix qui établiront une nouvelle
conſtitution, tendent à développer des
vertus & des talens qui méritent au ſénateur la confiance & l'eſtime du public.
Qui produira cette heureuſe révolution?
L'amour de la patrie, de ſes devoirs & de
la gloire?

Les réformateurs ne produiront aucun
bien, s'ils se contentent de louer magni-
fiquement ces vertus, & d'en ordonner
impérieusement la pratique. La législation
demande plus d'art ; & comme le labou-
reur prépare avec soin ses champs, &
commence par détruire tout ce qui pourroit étouffer sa semence, de même le législateur peut faire naître les vertus qu'il
desire, travailler d'abord à écarter les
obstacles qui s'y opposent. Autant que
j'ai pu me mettre au fait de votre administration, il me semble que tout le mal
vient de vos quatre ministres, le grand
chancelier, le grand général, le grand
maréchal & le grand trésorier ; & ce que
je dirai de ces officiers de la couronne,
conviendra également à ceux du duché de
Lithuanie. La puissance despotique dont
ils se sont tous emparés dans les différentes
parties de leurs départemens, a détruit le
pouvoir des dietes & le pouvoir du sénat ;
& j'ose vous prédire que si vous laissez
subsister ce despotisme, vous ne ferez
qu'une réforme inutile.

Il ne suffit point, je crois, que les grandes dignités dont je viens de parler,
soient conférées désormais par la diete gé-

F v

nérale, pour qu'on puisse espérer de voir dans l'administration un changement favorable. Les abus qu'elles ont accrédités depuis long-tems se sont enfin convertis en autant de droits; & ces droits sont plus propres à corrompre vos grands officiers, que toutes vos loix à les contraindre de ne faire que le bien. La force de l'habitude les entraînera, & il leur sera encore trop aisé d'être injustes pour qu'ils ne continuent pas à l'être. Ils ont une cour qui les corrompt, & leur persuadera que c'est vous qui êtes injustes en voulant modérer ou régler leur autorité, & qu'ils se dégraderoient s'ils n'étoient plus les maîtres de la fortune de leurs amis & de leurs ennemis. Ils combattront vos loix, nouvelles avec d'autant plus de succès, que les esprits sont accoutumés à vos prétentions. On croira que leurs plaintes & leurs demandes sont légitimes; & il n'en faudra pas davantage pour renverser l'édifice que vous aurez élevé sur de mauvais fondemens.

Dans cette occasion, monsieur le comte, il ne s'agit pas d'user de ménagement. Au lieu de vos quatre ministres perpétuels, & dont je défie toute la politique humaine de rien faire jamais de bon, ni même de fupportable, voici ce que j'imaginerois. Je voudrois d'abord que la loi fondamentale, après avoir expofé avec autant de force que de vérité les abus monftrueux qui réfultent de vos miniftres à vie, prouvât de la maniere la plus évidente qu'il eft impoffible de faire aucun bien fans changer entiérement cette forme d'adminiftration. En conféquence elle ordonnera que les charges de miniftres, au lieu d'être conférées à vie, ne feront plus données que pour quatre ans, & ne pourront être confiées qu'à des fénateurs.

Ces quatre miniftres au lieu de gouverner feuls les affaires de leur département, préfideront un confeil compofé de fix fénateurs, & dans lequel tout fe décidera à la pluralité des voix. Ce confeil examinera toutes les affaires qui y font relatives, & en fera le rapport au fénat affemblé qui décidera définitivement. Les quatre confeils des quatre miniftres s'affembleront féparément deux fois par femaine à des jours & des heures marquées, avec la faculté de s'affembler plus fouvent quand l'importance ou la multiplicité des affaires l'exigera. Le même fénateur ne pourra jamais être en même tems conseiller dans deux conseils différens. Je voudrois qu'à chaque diete générale, qui continuera à se tenir tous les deux ans, les trois plus anciens conseillers de chaque conseil vissent finir leur magistrature, & que les nonces nommassent leurs trois successeurs. Tous les quatre ans les ministres abandonneront leur place, & je souhaiterois que la diete ne pût choisir leurs successeurs que parmi les sénateurs qui auroient été honorés d'une place de conseiller dans un conseil. Les ministres & les conseillers ne pourront rentrer dans un conseil qu'après une interdiction de deux ans. La loi doit défendre de la maniere la plus forte & la plus expresse de continuer ces magistrats dans leurs fonctions. On doit être persuadé que, si cette regle souffroit quelqu'exception en faveur du mérite, & dans quelques conjonctures difficiles, les ambitieux & les intrigans en profiteroient bientôt, pour s'emparer d'une autorité perpétuelle.

Vous voyez, monsieur le comte, que je remonte jusqu'à la racine du pouvoir arbitraire pour la couper ; mais je ne veux pas prévénir vos réflexions, & je continue.

Je demanderois qu'un miniſtre en ſortant
de charge, rentrât dans la claſſe des ſimples ſénateurs ; car ſi on lui réſerve le droit
d'entrer comme conſeiller honoraire dans
le conſeil qu'il aura préſidé, il pourra
faire des cabales pour y conſerver une
autorité qui gêneroit les délibérations, &
ſubſtitueroit bientôt l'eſprit de parti à
l'amour de la patrie. Peut-être même que
pendant le tems de ſon miniſtere ou de ſa
préſidence, il noueroit des intrigues pour
avoir un ſucceſſeur qui n'eût qu'un vain
nom, & ſe faire ainſi une magiſtrature
perpétuelle. Je crains prodigieuſement
l'intrigue : on ne ſauroit prendre trop de
précautions contre ſes ruſes deſtructives
de tout bien ; parce que rien n'eſt plus
aiſé, même pour un ſot, que d'être un
habile intrigant. Je voudrois encore que
l'on pût être miniſtre deux, trois, quatre & même cinq fois ; il eſt important
pour le bien public, qu'étant parvenu à la
dignité la plus éminente de l'état, on ait
encore quelque choſe à deſirer. Il eſt des
ames que le repos fatigue, offez-leur un
aliment toujours nouveau ; attachez-les à
la république par une eſpérance raiſonnable, afin qu'elles n'enfantent pas des pro-

jets pernicieux. Qu'on defire d'avoir plufieurs fois la même dignité, & dès lors il
fe formera de grands magiftrats. En exer-
çant une premiere magiftrature, on fongera à mériter une feconde fois les fuffrages de la nation; & l'activité inquiete
des efprits qui pourroient nuire à la république, tournera toute à fon profit en dé-
veloppant les talens. La loi fera très-fage
qui accordera des diftinctions affez confidérables aux miniftres & aux confeillers de leurs confeils, pour que les fénateurs fouhaitent fortement de parvenir à
ces honneurs, & commencent à travailler de toutes leurs forces à s'en rendre
dignes. Il me femble que dès qu'un grand
nom ou de grandes richeffes ne tiendront
plus lieu de tout, la Pologne doit prendre
une face nouvelle. Le mérite ne fera plus
condamné à languir dans l'obfcurité. Une
forte de pareffe qu'on reproche aux Polonois difparoîtra. Les efprits s'éclaireront;
& la république, en voyant à fa tête tous
les hommes diftingués qu'elle ne connoît
pas aujourd'hui, fe fera enfin des principes certains & fixes relativement à chaque
partie de l'adminiftration.

J'affigne un terme très-court aux magiſtratures, pour ménager l'impatience des ambitieux qui les deſirent, & empêcher que leurs cabales & leurs intrigues ne troublent l'état. D'ailleurs les magiſtrats ne doivent avoir le tems ni de s'accoutumer à l'autorité dont ils ſont revêtus, ni de former des projets ambitieux, ſoit au-dedans, ſoit au-dehors, ni de ſe laſſer de leurs fonctions. Il eſt difficile aux perſonnes qui ſe ſentent une certaine fierté, ou qui ont des talens ſupérieurs, d'exercer un grand pouvoir ſans deſirer de le conſerver ; le bien de la république exige donc que vous ne leur laiſſiez aucun moyen de réuſſir, & dès lors leur ambition ſe ſoumettra aux regles, & ſe nourrira des eſpérances que vous aurez fait naître.

Obſervez, je vous prie, qu'il eſt difficile de ſacrifier toute ſa vie au bien public. Il n'y a que de grandes ames, & elles ſont rares aujourd'hui, même dans les nations, les plus libres, qui ſoient capables de cet effort ; mais on peut, ſans être un héros, lui donner quatre ans de ſa vie, & pendant ce tems ſi borné ne ſe point relâcher de ſes devoirs. Permettez-moi de le répéter, cet ordre ne ſeroit pas plus tôt établi,

que la pareſſe & l'ignorance diſparoî-
troient. Les talens ſe hâteroient de paroître & les vertus ſe multiplieroient, parce
qu'on ſera ſans ceſſe aiguillonné par une
ambition honnête & généreuſe. Dans
quelque degré d'élévation qu'on ſe trouve, il reſtera toujours un honneur plus
élevé auquel on aſpirera. Les ſimples ſénateurs ſouhaiteront d'obtenir une place de
conſeiller dans les conſeils. Ces conſeillers s'appliqueront à ſe rendre dignes du
miniſtere. Les miniſtres s'acquitteront de
leurs devoirs de maniere à mériter d'être
encore élevés aux mêmes honneurs. Je
vois par-tout les fruits heureux de l'émulation. Il faudra néceſſairement que les
miniſtres prennent l'eſprit de la nation,
au lieu de lui donner le leur. Ainſi le même
eſprit & le même caractere ſe perpétue-
ront. Je vois naître le reſpect pour les
loix, & le gouvernement acquerra en
peu d'années la confiance des citoyens.

Je me le rappélle, monſieur, quand j'ai
eu l'honneur de vous expoſer quelques-
unes de ces idées dans nos entretiens, vous
m'avez dit que vous aviez parmi vous des
gentilshommes diſtingués par leurs illuſ-
trations & leur fortune, qui à la faveur

de votre anarchie, s'étant emparés de toute l'autorité dans leur palatinat & leur diétine, difposent des places de nonces, & s'oppoferont à tout projet de réforme, fi on ne les gagne par quelque diftinction qui étende leurs efpérances & leurs vues. Il vous a paru qu'en ouvrant aux nonces l'entrée des confeils dont je viens de parler, les réformateurs feroient fûrs des fuffrages de toute cette nobleffe. Le feul inconvénient que j'y voie, c'eft que, pour lui plaire, vous ne vous expofiez à choquer les préjugés & l'orgueil des fénateurs, qui me paroiffent beaucoup plus à craindre. Ce n'eft qu'un doute que je vous propofe, & il n'appartient qu'aux perfonnes qui font à la tête des affaires de pefer les avantages & les défavantages de cet établiffement.

Si vos nonces, comme les députés au parlement d'Angleterre, jouiffoient d'une prérogative qui dût durer pendant plufieurs années ou dietes confécutives, il ne faudroit en aucune façon fouffrir qu'ils entraffent dans les confeils des miniftres en qualité de confeillers. En effet, il feroit très-dangereux que des perfonnes qui ont part à la puiffance législative, euffent encore une influence principale dans les opérations de la puiffance exécutrice. Ce feroit confondre deux autorités qu'il importe de tenir féparées. Les divivifions de vos confeils vous rameneroient peut-être à cette anarchie que vous voulez détruire , & dont les idées ne s'effaceront pas aifément ; elles répandroient du moins dans vos délibérations une lenteur & une incertitude qui vous feroient funeftes. Tantôt le fénat fe ferviroit des nonces agrégés à fon ordre pour dicter ou gêner les opérations de la diete. Tantôt les nonces voudroient dominer impérieufement dans les délibérations du fénat , parce qu'ils fe fentiroient appuyés de toutes les forces & de tout le crédit de leur ordre. Ainfi , au lieu d'avoir une république vraiment libre & fondée fur des principes certains , vous n'auriez qu'un gouvernement vague , qui tour-à-tour pencheroit vers la démocratie ou vers l'ariftocratie ; & la Pologne n'auroit jamais un caractere décidé.

Puifqu'à chaque tenue de la diete générale , vos diétines font une nouvelle élection de nonces , un ufage qui feroit très-pernicieux en Angleterre ne vous expoferoit, selon les apparences, à aucun danger. Mais on peut demander si les nonces qui auront été agrégés au sénat, doivent y être incorporés pour toujours ; ou s'il importe, quand le tems de leur magistrature sera expiré, qu'ils rentrent dans l'ordre dont ils sont sortis. Je me déclarerois pour le dernier parti. Le sénat composé de tous les évêques, de tous les palatins & de tous les castellans, n'est déjà que trop nombreux. En y agrégeant encore les gentilshommes à qui leur mérite auroit ouvert l'entrée des conseils, il arriveroit que les personnes les plus distinguées par leurs talens & leur réputation, passeroient de la classe de la puissance législative dans celle de la puissance exécutrice. La premiere, qui est la plus importante, se trouveroit privée des citoyens les plus capables de l'éclairer & de la guider, & s'affoibliroit de jour en jour. L'autre au contraire, dont il faut continuellement se défier, augmenteroit trop son crédit & sa considération pour obéir modestement aux loix & se contenter du droit de les faire observer par les citoyens.

Chaque conseil doit avoir ses regîtres particuliers, où seront portées toutes ses délibérations ; & rien n'eſt plus utile pour perpétuer dans la république le même eſprit, les mêmes principes & les mêmes maximes. On recourra à cette eſpece d'oracle dans des circonſtances difficiles, ou quand il s'agira de délibérer ſur des affaires à peu près pareilles. Ces conſeils différens ſe réuniront réguliérement tous les dix jours pour conférer enſemble, ou plus ſouvent ſi les affaires l'exigent, ou que le roi le demande. C'eſt ce conſeil compoſé des quatre départemens, qui doit être l'ame de la puiſſance exécutrice, & qu'on appellera proprement le ſénat. Aucun conſeil ou comité particulier n'aura droit de faire un réglement ni donner un ordre, ſans l'avoir porté au ſénat pour y être examiné, & tout y ſera décidé à la pluralité des voix. Cette méthode eſt néceſſaire pour faire reſpecter davantage la puiſſance exécutrice, & entretenir entre toutes ſes parties l'harmonie & l'unité, ſans leſquelles vous ſerez expoſés à des contradictions déshonorantes & qui détruiront la confiance des citoyens. Le roi préſidera à toutes les aſſemblées du ſénat, & tous les ſénateurs qui ſe trouveront à Varſovie y ſeront

appellés, ou plutôt auront droit d'y prendre place. Deux mois avant l'ouverture
des diétines, les conseils commenceront
à dresser les mémoires qu'ils présenteront
à la diete générale. On y rendra compte
de la situation présente de la république,
des succès qu'auront eu les établissemens
nouveaux, des abus qui se seront glissés
dans quelque partie de l'administration,
& des moyens qu'on croira propres à
perfectionner quelque branche du gouvernement. Ces différens mémoires n'é-
tant que l'ouvrage particulier de chaque
conseil, & ne contenant que des instructions soumises aux lumieres & à l'autorité
de la diete, il seroit inutile qu'ils fussent
communiqués au sénat. La puissance législative les examinera avec moins de pré-
vention & de partialité ; & si elle les rejette sans en faire usage, elle ne choquera
pas la vanité ou la délicatesse du corps entier de la magistrature. Le roi & les
conseils convoqueront tous les sénateurs
avant l'ouverture de la diete ; & s'ils n'ont
pas des excuses légitimes d'absence, ils
seront obligés de se trouver au sénat pendant tout le tems que les nonces seront
assemblés. A l'égard des convocations

extraordinaires du sénat, elles dépendront de la nature des affaires de la république, de même que la convocation des dietes extraordinaires.

Les sénateurs évêques rendront un assez grand service à la patrie, si au lieu d'intriguer & de ne se mêler que du temporel, ils aiment à résider dans leurs dioceses & s'appliquent principalement à y faire respecter la religion, & détruire les superstitions grossieres qui la déshonorent. On dit qu'à cet égard vous avez besoin d'une grande réforme ; mais il seroit dangereux de la tenter, si les ecclésiastiques n'en sentent pas eux-mêmes la nécessité. Et comment connoîtront-ils cette nécessité, tant que, plongés dans une ignorance profonde de leurs devoirs, ils trouveront si commode & si doux d'être riches & puissans aux dépens des vices des laïques ? Quand les Polonois conservoient encore les mœurs des Sarmates, les palatins & les castellans avoient une dignité utile à la république, aujourd'hui ce n'est plus qu'un titre d'ostentation ; & ils sont encore moins instruits des affaires de leur palatinat ou de leur castellanie, que les évêques de celles de leur diocese. Il y a

lieu d'efpérer qu'étant nommés par la
nation, ils prendront un nouveau caractere ; fur-tout fi on a foin de leur attribuer,
fous le nom de droit & de prérogative,
des fonctions qui foient utiles à la république : mais ce changement heureux ne
s'opérera que fous les fuccefleurs des
palatins & des caftellans actuels.

Ne feroit-il pas à propos de régler l'âge
auquel on pourroit être recommandé au
roi pour un palatinat & une caftellanie?
Vos grands feigneurs, monfieur le comte,
font, dit-on, moins jaloux de leur liberté que de leur defpotifme. Si par malheur ceux qui compofent aujourd'hui le
fénat, pleins des préjugés bizarres de votre gouvernement actuel, penfoient que
leur dignité eft dégradée par les confeils
dont je viens de parler, par quels moyens
pourriez-vous les engager à confentir à
cet établiffement ? Voudront-ils ne fe
regarder dans leurs provinces & leurs diftricts que comme les miniftres & les organes de la puiffance exécutrice dont ils
font membres ? Les y contraindre par la
force, ce feroit rendre toute réforme
impraticable. Efpérer d'y réuffir par les
voies douces de la perfuafion, ce feroit

faire trop d'honneur à la raison qui aime mieux obéir nonchalamment aux paffions que les gouverner. Les réflexions que je prends la liberté de vous préfenter font défolantes ; mais il faut les faire, & fe dire en même tems que la fageffe, le courage & la patience viennent à bout de tout & peuvent produire des miracles.

La loi doit fe garder de rien ordonner aux palatins & aux caftellans ; elle doit les inviter fimplement à faire obferver les loix dans l'étendue de leur reffort, & à inftruire le fénat de tout ce qui s'y paffe. Qu'on flatte la vanité des palatins en leur attribuant une infpection générale fur les officiers du palatinat, pour empêcher qu'ils ne s'écartent des regles de la juftice. Accordez-leur une autorité confidérable dans les diétines ; elle fervira à y établir une police plus exacte, & à lier plus étroitement les provinces, la diete générale & le fénat. A mefure que le gouvernement fe perfectionnera, on pourra régler avec plus d'exactitude le pouvoir des palatins, & l'étendre ou le reftreindre felon les befoins de la république. Les caftellans veillent fur la partie militaire, ils commandent à la guerre la nobleffe de leur

diftrict

diſtrict, & dans cette partie ſi prodigieuſement négligée par les Polonois, combien ne peuvent-ils pas rendre des ſervices
à l'état ? Quel bonheur, ſi l'on pouvoit
parvenir à établir une diſcipline ſage &
capable de mettre à profit ce courage national dont vos confédérations ſont la
preuve ! Il faut donc, ſi je ne me trompe,
accorder aux caſtellans tout le pouvoir
dont ils ont beſoin pour faire des ſoldats ;
mais ménager en même tems l'orgueil &
l'indocilité d'une nobleſſe que les réformateurs n'offenſeroient pas impunément.
Il ne m'appartient pas de dire avec quelle
prudence il faut manier & arranger ces
différentes autorités ; j'ignore cent détails
de vos mœurs, de vos préjugés & de vos
coutumes, qui me ſeroient néceſſaires
pour ne me pas tromper ; d'ailleurs il ſau-
dra conſulter les circonſtances dans leſquelles la révolution ſe fera : peut-être
permettront-elles de ſe livrer à des eſpérances qui aujourd'hui paroîtroient chimériques.

J'ai eu l'honneur, monſieur le comte,
de vous expoſer pluſieurs des raiſons qui
m'ont engagé à demander l'établiſſement
des conſeils miniſtériels ; mais il s'en faut

G

bien que j'aie tout dit : permettez-moi encore quelques réflexions. Je prie vos collegues d'obferver que, fi tout le fénat en corps traite les affaires fans avoir des confeils ou des comités qui les préparent , & qui aient un intérêt particulier à chercher & à montrer la vérité, rien ne fera approfondi. L'ancien efprit qui a perdu la république, fubfiftera tout entier. Les fénateurs fans émulation & fans lumieres, continuant à fervir l'état avec la même négligence qu'on leur reproche aujourd'hui , le facrifieront à leurs intérêts particuliers. La Pologne n'aura aucun principe certain , & des réfolutions prifes au hafard ou relativement à des conjonctures mobiles & à des événemens paffagers , ne feront pas refpecter le fénat. Dès que la puiffance exécutrice fera méprifée , n'efpérez point que la puiffance légiflative ne tombe pas elle - même dans le plus grand mépris. Les confeils que je propofe & dont l'autorité fe balancera , empêcheront que quelques fénateurs ne prennent une forte d'afcendant, & ne portent toute l'adminiftration du côté qui leur feroit perfonnellement le plus avantageux. Qu'arriveroit-il d'un vice que je veux prévenir ? Que plusieurs parties de l'état feroient facrifiées à une feule. Défaut confidérable qui entraîne néceffairement une foule d'abus, & finit même toujours par ruiner la branche du gouvernement qu'on avoit voulu le plus favorifer.

Si le fénat en corps traite toutes les affaires, il les examinera avec moins d'attention. Il fera plus occupé de fon autorité & de fon ambition que de fes devoirs ; car il eft naturel qu'une affemblée nombreufe fe regarde comme le corps entier de la nation, & fe flatte plus aifément de l'impunité qu'un confeil compofé feulement de fix ou fept perfonnes. J'ai toujours remarqué que dans les républiques où les magiftrats n'ont pas été féparés en différentes claffes, & chargés de veiller en particulier aux différens befoins de la fociété, ils ont toujours fini par former une forte de conjuration contre la puiffance légiflative. Ils ont profité des abus & des défordres qu'ils avoient fait naître, pour la rendre odieufe & méprifable, & ils ont élevé leur pouvoir fur fes ruines. N'en foyez pas furpris, la puiffance exécutrice a un prodigieux avantage fur la puiffance légiflative. L'une eft toujours préfente,

elle agit toujours, elle est entourée de
cet appareil de dignité qui imprime le respect & la crainte ; l'autre disparoît en
quelque sorte & est oubliée, quand les
assemblées de la nation se séparent. Alors
les législateurs se trouvent confondus dans
l'ordre des simples citoyens, tandis que
les magistrats paroissent en quelque sorte
leurs maîtres. Les différens conseils ou
comités que je propose se balanceront réciproquement & se tiendront en équilibre. En attendant la censure de la diete,
les magistrats craindront celle de leurs
collegues. J'espere enfin, que toutes les
parties du gouvernement se perfection-
nant à la fois, la Pologne sera bientôt
en état de satisfaire tous ses besoins, &
sera aussi florissante qu'ella a été jusqu'à
présent malheureuse.

CHAPITRE IX.

Réflexions relatives aux loix qu'on a proposées sur la formation du sénat ou de la puissance exécutrice.

AVEC quelqu'attention que j'aie ménagé les préjugés de votre nation, je crains fort, monsieur le comte, de ne vous avoir présenté que des moyens dont on ne voudra faire aucun usage : je connois l'injustice des hommes, quand une fois ils sont esclaves de leur avarice & de leur ambition. Ils voudroient être heureux ; sans se donner la peine de le devenir, c'est-à-dire, qu'ils aiment leurs vices, & qu'en les conservant, ils voudroient n'en pas éprouver les suites nécessaires. Quand j'ai l'honneur de m'entretenir de vos affaires avec quelques-uns de vos compatriotes, ils semblent me dire que je n'ai fait qu'un beau rêve, qu'il faut se prêter au tems, aux circonstances, aux mœurs d'un peuple, & que pour vous guérir, on doit avec complaisance ne .

vous offrir que des remedes qui puissent vous plaire. Fort bien, répondrai-je ; mais ayez donc une maladie à laquelle il ne faille pas appliquer le fer & le feu.

Je crois m'appercevoir qu'on regarde comme impossible d'engager les évêques, les palatins & les castellans à consentir à l'établissement de mes conseils. Ils veulent n'être préférés que par le roi, & prétendent être supérieurs aux ministres en dignité. Comment se résoudront-ils à ne prendre qu'une place subalterne, & n'être que des conseillers, après avoir été des despotes ? On ajoute que ces grandes charges de ministres ont été données à vie ; qu'on ne peut, sans violer tous les droits de la nation, songer à dépouiller les personnes qui sont revêtues de ces dignités importantes ; & qu'une injustice ne sera jamais le fondement d'un bon gouvernement. Qu'on tente cette opération dangereuse, & l'on verra avec quelle force les ministres s'opposeront au nouvel ordre de choses que vous voulez établir. Ils ont l'autorité que leur a donnée leur charge, & cette autorité est égale ou plutôt supérieure à celle de la république. S'ils peuvent soupçonner que vous vouliez les offenser , ils auront recours au *veto* pour prévenir vos opérations. En un mot , ils ne confentiront point à l'abandon de leur puiſſance arbitraire , pour l'honneur ſtérile de préſider à un conſeil qui ſera leur maître.

Je réponds , monſieur le comte , que je ne conteſte aux ſénateurs aucun de leurs droits ni aucune de leurs prétentions , & je les prie de faire attention que bien loin d'avilir leur dignité par l'établiſſement de mes conſeils , je leur rends au contraire leur premier luſtre ; car ce n'eſt point une vaine cérémonie , mais une force & un pouvoir réel qui font la vraie grandeur d'une dignité & d'un emploi. Dans l'état actuel des choſes , le ſénat n'eſt rien , & je lui reſtitue les droits & l'autorité dont il a été dépouillé par le roi & les miniſtres. Si je propoſois aux ſénateurs de devenir les conſeillers des miniſtres , ſans toucher aux prérogatives du miniſtere , ils auroient peut - être raiſon d'être révoltés contre une politique qui ménageroit ſi peu leur délicateſſe , & qui ſeroit ſi contraire aux regles ſublimes de l'étiquette & de la prééminence des rangs. Mais je les prie d'appercevoir que par mon arrangement, les quatre charges de miniſtres en Pologne & en Lithuanie, ſont en effet ſupprimées; & que les fonctions, le crédit & l'autorité, qui leur ſont aujourd'hui attribués par un abus & un uſage invétérés, ſont tranſportés au ſénat.

Les ſénateurs qui voient augmenter les prérogatives de leur ordre, n'ont donc réellement aucune raiſon de ſe plaindre. Pourquoi s'oppoſeroient-ils à l'exécution d'un projet qui remet entre leurs mains un pouvoir dont ils ſont dépouillés depuis long-tems? Si tel eſt l'empire des mots ſur notre imagination, qu'on ſoit choqué que des conſeils compoſés d'évêques, de palatins & de caſtellans, ſoient préſidés par des gentilshommes qui porteroient les noms de miniſtres, ou de grand-général, de grand-maréchal, de grand-chancelier & de grand-tréſorier; rien n'eſt plus aiſé que de donner d'autres dénominations aux nouveaux préſidens des quatre conſeils. Ce ne ſeront plus des miniſtres: on les appellera, le ſénateur préſident du conſeil de la guerre, le ſénateur préſident du conſeil de la police, le ſénateur préſident du conſeil de la juſtice,

le sénateur président du conseil des finances. Dès que ces places de présidens des
conseils ne pourront être remplies que
par des sénateurs, que chacun d'eux aura
droit d'y aspirer & l'espérance d'y parvenir, il me semble que la vanité la plus ja-
louse des étiquettes, ne peut plus avoir
d'alarme ni même de scrupule. Je ne devine point pourquoi les sénateurs pense-
roient déchoir & se dégrader, en ajoutant
à leurs titres le droit de gouverner réellement la république. Puisque vous mettez
une différence entre vos castellans, que
les uns sont appellés les grands & les autres les petits, rien n'est plus aisé que de
ne les pas confondre, & de ménager encore dans cette occasion les délicatesses de
la vanité. Les premiers, si vous le voulez, auront seuls le droit d'entrer dans les
conseils; & pour consoler les autres de
cette loi mortifiante, vous pouvez ordonner qu'ils seront seuls présentés au roi,
pour remplir les grandes castellanies qui
vaqueront. Ce réglement sera très-propre
à augmenter l'émulation. Les petits castellans seront autant de candidats pour le
ministere. On n'y parviendra qu'après de
longues épreuves, & peut-être s'en trou-

vera-t-on affez bien pour porter un jour une loi qui ordonnera de n'entrer au fénat que par une caftellanie fubalterne.

Il n'eft pas, je crois, plus difficile de répondre d'une maniere fatisfaifante au refte de l'objection que l'on m'a faite. Je conviens que les charges de miniftres ont été données à vie à ceux qui les poffedent, & que cette regle qui vous eft chere a été une forte barriere contre votre roi qui fe feroit rendu tout puiffant, s'il eût été le maître de retirer fes bienfaits & de caffer les officiers qu'il avoit créés. Mais dans les arrangemens nouveaux que vous méditez, cette perpétuité des charges ne vous eft plus néceffaire, & je ne vois point comment on ne peut fans injuftice les redemander aux feigneurs qui en font aujourd'hui revêtus.

La puiffance législative, qui ne doit fe propofer que le bien public, eft toujours la maîtreffe de retirer fes bienfaits, fi elle les accorde imprudemment, ou fi de nouveaux befoins & de nouvelles circonftances les ont en quelque forte dénaturés. Si le législateur s'eft trompé, ou fi de nouvelles lumieres lui préfentent un plus grand bonheur, quels font les ci-

toyens imbécilles ou méchans , qui pré-
tendroient qu'il lui eft défendu de fe corriger ou de faire un plus grand bien ? Si
de nouveaux befoins exigent de nouvelles loix , pourquoi voulez - vous que le
légiſlateur ne puiſſe abroger les anciennes , & qu'il reſpecte ſuperſtitieuſement
les abus qu'elles ont fait naître , & qui doivent perdre la république , ſi on les fa-
voriſe ? Non , monſieur le comte , la
puiſſance légiſlative ne connoît point de
puiſſance rivale qui la contraigne & la
gêne dans ſes opérations. Toujours libre ,
elle n'abuſe jamais de ſa liberté , quand
ſes réſolutions lui ſont dictées par la ſageſſe & la prudence , c'eſt-à-dire , par
le bien & le ſalut de la république. Elle
peut tout , parce que tout lui eſt ſoumis ,
& qu'il eſt de ſon eſſence & de ſon devoir de changer & d'annuller ſes réglemens , qu'elle n'a portés & dictés qu'avec
la clauſe néceſſaire & toujours ſous-en-
tendue de les révoquer ou de les modifier
quand un plus grand bien l'exigera.

La puiſſance légiſlative ne doit jamais
être arbitraire. Elle le devient , non pas
quand elle uſe de ſes forces pour nous
rendre heureux , mais quand elle en abuſe,

G vj

qu'elle agit au hafard & par caprice , &
fait le mal fous prétexte de faire le bien.
Malheur aux peuples chez lefquels la
puiffance légiflative corrompue , fe joue
des loix & veut établir l'ordre contre les
regles ; ils font dans la décadence , ils cou-
rent à une perte certaine , fi une révolution heureufe ne vient à leur fecours. Ce
feroit un abus criant de dépouiller aujour-
d'hui les miniftres , fans leur reprocher
aucun délit , fans leur faire leur procès
dans les formes judiciaires , & feulement
pour gratifier à leurs dépens quatre autres
gentilshommes dont la république ne fe
trouveroit pas mieux. Mais il n'eft queftion de rien de pareil dans le plan que je
propofe. On ne fubftitue pas des hommes
à des hommes , mais une forme d'adminiftration très-avantageufe à une conftitution très-pernicieufe. Si les miniftres actuels ne peuvent s'y oppofer fans nuire
à la patrie , dont les intérêts doivent leur
être plus chers que les leurs propres , il
n'eft pas douteux que la puiffance légiflative ne faffe bien de retirer fes bienfaits ,
& de porter la loi que je demande.

Qu'on ne croie pas cependant que je
fouhaite qu'on agiffe avec dureté Quand

l le législateur veut sincérement le bien , il se prête à nos foiblesses , négocie , pour ainsi dire , avec nos passions ou nos préjugés , & console avec bonté les malheureux qu'il est obligé de faire. Le tems de la réforme doit être , si je puis parler ainsi , un tems de jubilé & d'indulgence ; la politique l'ordonne , parce qu'elle veut rendre agréables ses nouveaux établissemens & les faire aimer. Tous les anciens délits doivent être oubliés , les graces doivent être prodiguées pour éteindre les ressentimens , les rivalités & les haines. Que les bons citoyens ne songent qu'au bien de la patrie , & une certaine pudeur retiendra les méchans. Qu'on se réconcilie , que tous les esprits se rapprochent pour établir des loix qui fassent le bonheur de tous.

Si par une suite de la monstrueuse anarchie où vous êtes plongés depuis longtems , la diete générale ne peut sans danger parler & ordonner avec la majesté & l'empire qui lui conviennent , & que les ministres abusent sans pudeur de l'autorité & du crédit de leurs places , pour faire des cabales & s'opposer au vœu de la nation ; les réformateurs , vous , monfieur le comte, & vos collegues, vous devez préférer les voies de l'infinuation à celles de l'autorité. Montrez d'une maniere pathétique à ces miniftres ingrats & infideles ce que la patrie, déchirée & mife en lambeaux, mais prête à fe montrer plus brillante & plus heureufe que jamais, attend de leur pitié & de leur générofité. Faites-leur voir quelle gloire va les récompenfer de leur facrifice ; dites-leur qu'ils feront les auteurs de tous les maux qu'on éprouvera, & que leur fortune ne fera jamais affurée au milieu des agitations & des défordres de la république. Si ces motifs puiffans étoient malheureufement fans effet, car la prudence ordonne de s'attendre à tout, appuyez-vous du crédit des puiffances amies qui s'intéfferont à votre fort, & dont vous devez dès aujourd'hui vous ménager la protection. Enfin ayez recours dans votre négociation aux feuls moyens qui font capables de toucher des hommes bas, vains & intéffés. Achetez leur abdication, ne marchandez point ; plus vous ferez généreux, plus vous vous vengerez en les abandonnant à l'ignominie publique. Ce ne fera jamais trop chérement

...p que vous vous débarrasserez de ces ministres vils qui considerent dans leur puissance leurs intérêts , & non pas ceux de
la patrie.

Mais je m'arrête trop long-tems sur
cette matiere. On me reprochera peut-
être de perdre mon tems à combattre des
chimeres. En effet , monsieur le comte ,
ce que vous m'avez dit cent fois des qualités patriotiques de vos ministres, doit
donner les plus flatteuses espérances.

CHAPITRE X.

Que les réformateurs doivent d'abord se borner à établir les loix constitutives ou fondamentales de la république.

C'EST, je crois, monsieur le comte, aux arrangemens dont je viens d'avoir l'honneur de vous entretenir dans les chapitres précédens, que le zele des réformateurs doit se borner, quand la paix vous permettra enfin de donner une forme nouvelle à votre gouvernement. Je ne suis point au fait de tous les vices qui désolent votre malheureuse patrie ; je sais en gros que la licence doit les avoir prodigieusement multipliés. Les loix particulieres qui reglent le sort & l'état de la noblesse & de ses sujets doivent être souvent obscures & équivoques ; c'est leur moindre défaut. Souvent peu d'accord entr'elles, elles doivent se contrarier ; elles sont injustes, & leur injustice étouffe dans vos sujets l'industrie qui devroit les rendre heureux, & qui en augmentant votre fortune, augmenteroit celle de la république.

Sous un gouvernement qui réunit à la fois tous les inconvéniens du despotisme & de l'anarchie, vous n'avez point de classes d'hommes qui n'ait les plus graves & les plus justes motifs de se plaindre de vos loix. Si on entroit dans l'examen des différentes branches de votre administration ; quelle étrange confusion, pour me servir du terme le plus doux, n'y remarqueroit-on pas ? Quel spectacle ne vous présenteront pas vos finances ? Puisque vous aimez les richesses autant que les autres peuples de l'Europe, quel ordre avez-vous établi pour que la république eût un revenu proportionné à ses besoins ? Quelles précautions avez-vous prises pour que les mains chargées du trésor public ne fussent pas infidelles ? Pourquoi la Pologne dévastée n'a-t-elle tout au plus que le tiers des habitans qu'elle pourroit avoir ? Par quels secrets pourroit-on lui rendre son ancienne fécondité ? Vous n'avez parmi vous aucune de ces manufactures qui servent au luxe & l'encouragent, & je vous en féliciterois, si vos grands seigneurs n'avoient pour la magnificence

& le rafle un goût qui ne peut s'allier avec des mœurs républicaines , & qui les rend pauvres , quoiqu'ils poſſedent toutes les richeſſes de la république. Dans quel état font les arts les plus groſſiers & les plus néceſſaires aux hommes ? La Pologne , dit-on , manqueroit de tout , ſi les juifs qui ſe ſont rendus ici maîtres par leurs uſures & leur induſtrie , ne pourvoyoient pas à tous vos beſoins. On ajoute que vos eccléſiaſtiques ne connoiſſent ni la religion ni la morale ; & c'eſt là certainement une grande plaie pour l'état. Pourquoi le foible ne peut-il jamais obtenir juſtice contre le puiſſant ? On reproche pluſieurs vices à vos tribunaux , & c'eſt ſans doute parce que leur conſtitution eſt défectueuſe , & qu'ils n'ont pas l'autorité ou la force néceſſaire pour faire exécuter leurs décrets, que vous avez en quelque ſorte conſervé parmi vous l'uſage des guerres privées qui ont autrefois déſolé l'Europe, & qui ſuppoſent un gouvernement ſans principes & ſans force. Vous voyez dans quel état déplorable ſont vos troupes. Vous n'avèz aucune diſcipline. Vous devez être tous ſoldats, & perſonne ne l'eſt parmi vous. Pourquoi ex-

…poſer par votre foibleſſe vos voiſins à des
…tentations dangereuſes ? Ne craignez-vous
…point qu'ils n'abuſent un jour de la faci-
…lité de vous conquérir ? Tandis qu'ils ont
…formé chez eux une ſcience militaire &
…des armées régulieres, par quelle fatalité
…n'avez-vous point tenté de les imiter ?
…Pourquoi avez-vous dédaigné ou négligé
…de veiller à votre conſervation, en vous
…faiſant reſpeſter au-dehors par vos quali-
…tés & vos talens militaires ?

Voilà, monſieur le comte, des objets
bien dignes de l'attention d'un légiſlateur,
& des citoyens qui deſirent avec paſſion
le bonheur de leur patrie. Cependant je
ſerois fâché que les confédérés conſultant
un zele trop vif & prématuré pour le bien
public, ſe hâtaſſent de vouloir tout changer & tout réformer. Il eſt digne de leur
ſageſſe de fermer les yeux ſur beaucoup
de choſes, & de s'en tenir d'abord à établir avec ſolidité les principes d'un gouvernement d'où doit naître l'amour du
bien, de la regle & de l'ordre. La Pologne eſt un corps couvert de plaies,
mais n'en ſoyez point effrayé : après
avoir purifié & renouvellé la maſſe
du ſang, il faut eſpérer que ces plaies ſe
fermeront, pour ainſi dire, d'elles-mê-

mes. Je craindrois que les réformateurs, en voulant embraffer trop d'objets à la fois, ne multipliaffent les difficultés qui ne font déjà que trop nombreufes, & ne fuccombaffent enfin fous le poids de leur entreprife. C'eft au tems à mûrir les événemens ; & la politique, après avoir jeté le germe du bien, doit attendre avec patience que les événemens le développent & le faffent fructifier.

Je ne fuis point l'admirateur de ces politiques étourdis & préfomptueux, qui, fans connoître les hommes, prétendent les gouverner. Ils ignorent que nous avons des paffions & des habitudes qui font plus fortes que leurs vérités, leur évidence & tout leur pouvoir. Ils nous choquent par les changemens brufques & fubits auxquels nous ne fommes pas préparés ; & nous les aurions defirés, nous les aurions demandés, fi on nous eût laiffé le tems de nous familiarifer avec leur idée. Veut-on nous corriger fans ménagement ? nous commençons par haïr le réformateur ; & cette haine qui nous attache plus fortement à nos opinions & à nos habitudes, triomphe enfin du légiflateur mal-adroit & qui s'apperçoit trop tard que fes bonnes intentions n'ont servi qu'à le couvrir de ridicule & à nous rendre incorrigibles. Je crois avoir remarqué que les états qui se sont formés & perfectionnés avec lenteur, ont acquis plus de consistance. Alors chaque établissement nouveau trouve les esprits préparés à le recevoir, & les dispose à adopter d'autres nouveautés qui, se mêlant & se confondant avec les anciennes coutumes, forment un corps dont les différentes parties ne sont pas en contradiction. Je n'excepte de cette regle générale que l'ancienne Sparte ; mais Sparte avoit un Lycurgue pour la conduire : & qui peut se flatter d'avoir un pareil législateur ? Mais Sparte n'étoit qu'une ville où trente bons citoyens pouvoient faire une révolution. Il me semble que de cet exemple on ne peut rien conclure pour une république telle que la Pologne, qui renferme plusieurs grandes provinces.

Il n'en faut point douter, monsieur le comte, l'établissement des loix fondamentales qui régleront la forme du gouvernement & vous donneront une puissance législative, & une puissance exécutrice, agitera avec assez de force des esprits accoutumés à la licence de l'anarchie, pour

qu'on doive craindre d'augmenter la fermentation. Avec quelque prudence, quelque fageffe, quelque habileté que vous
conduifiez votre entreprife, je craindrai
qu'elle n'échoue, fi aux loix fondamentales & conftitutives vous voulez joindre
des loix particulieres, propres à corriger
chaque vice de la république. Si on vouloit faire à la fois tant de réglemens dont
vous avez befoin, ce feroit entreprendre
un ouvrage peut-être au-deffus des forces
de l'efprit humain, & qui feroit certainement inutile. Les citoyens les plus raifon-
nables & les mieux intentionnés feroient
effrayés de tout ce qu'on leur propoferoit,
& dans leur découragement ils prendroient
le parti de refter tels qu'ils font. Il faut donc
laiffer aux citoyens le tems de fe calmer
& de s'accoutumer à leur nouvelle fituation. Contentez - vous d'abord de leur
montrer le bien, & de les mettre fur la
voie qui y conduit.

D'ailleurs faites attention, je vous prie,
qu'on ne peut attaquer directement les
abus les plus confidérables, fans effaroucher les perfonnes qui trouveront un
avantage à les conferver. Elles fe ligue-
roient, elles conjureroient contre la

patrie , & leurs efforts réunis empêche-
roient sans doute qu'on ne pût fixer les
principes du gouvernement. Combien de
législateurs n'ont pu réparer la faute qu'ils
avoient faite de montrer ou de laisser entrevoir toute l'étendue des projets qu'ils
méditoient ! L'histoire de France en offre
un exemple remarquable. Les états généraux s'étant trop pressés sous le roi Jean
de vouloir corriger tous les abus & forcer
les mauvais citoyens à devenir honnêtes
gens , se rendirent suspects & odieux ,
& par là même multiplierent les obstacles qui s'opposent toujours au bien.
Tous ces hommes, permettez-moi cette
expression populaire , qui pêchent en eau
trouble , & qui sont perdus si l'état est
bien administré , conjurerent la ruine des
réformateurs , & leurs intrigues réussi-
rent. En un mot, il est certain que les
Polonois rejeteroient aujourd'hui avec
indignation telle loi que dans vingt ou
trente ans ils desireront & recevront avec
acclamation, si on ménage leurs préjugés ,
si on les conduit avec cette prudence qui
fait tout préparer , & qu'on les encourage
à ne pas craindre & à chercher la vérité.

Je ne suis point assez téméraire pour

vouloir preſcrire des regles de conduite
aux perſonnes qui ſont à la tête de la confédération , je connois leur ſageſſe & elle
me donne les plus juſtes eſpérances. Mais ,
vous l'avouerai-je ? je crains dans les gens
de bien l'amour même & le zele qu'ils ont
pour leur patrie ; je crains qu'il ne les
porte à des démarches précipitées. Je
vous ennuierai peut-être , monſieur le
comte , mais je ne puis m'empêcher de
dire & de redire que moins les loix ont
de force dans une république , plus les
réformateurs doivent avoir de circonſpection. Dans le moment de la réforme ,
il eſt abſolument néceſſaire que chaque
citoyen, pour s'affectionner au gouvernement, ſe trouve plus à ſon aiſe ; il faut donc
ſe garder de vouloir le pouſſer au bien
avec trop de chaleur. Il faut ſe garder ſur-
tout de rien faire qui puiſſe laiſſer ſoupçonner qu'on ait intention de revenir ſur
les anciennes injuſtices & de les punir.
Qu'on ne cherche point à tromper & ſurprendre les eſprits par des fineſſes & des
ruſes. Je ſais qu'avec le ſecours de quelques expreſſions ou de quelques tours
adroits , le législateur peut déguiſer l'eſprit de la loi pour la faire adopter plus
facilement ;

facilement ; mais peut - on compter fur une loi qui craint de fe montrer ? Un confentement ainfi extorqué ne produiroit aucun bien. En revenant de leur erreur ou de leur furprife, les Polonois haïroient leur nouvelle loi, mépriferoient leur lé- gislateur & retomberoient dans leur anar- chie , avant que l'habitude & le tems euf- fent affermi les fondemens de votre nou- velle conftitution.

Faute de méditer profondément fur l'origine & les liaifons de nos vices , com- bien de fois n'eft - il pas arrivé que des législateurs ont fait très-ridiculement des loix auxquelles on auroit été trop heureux d'obéir ? Ils s'en prenoient aux branches de l'arbre , mais c'étoit fa racine qu'il fal- loit attaquer : car tant qu'elle fubfiftera , elle fournira des fucs pour de nouveaux rejetons. Des loix qui ne produifent au- cun bien , produiront néceffairement un grand mal , parce qu'elles accoutumeront les citoyens à méprifer le gouvernement, ou du moins à n'avoir aucune confiance en lui. En attaquant quelques abus parti- culiers , il me femble que les réformateurs ne doivent propofer que les réglemens qui feront reçus fans répugnance par la

H

plus grande partie de la nation. Qu'ils se
confolent de ne pas faire tout le bien
qu'ils defirent, en penfant qu'il fe fera un
jour. Qu'ils ne craignent point que leur
réputation en fouffre, & qu'on les accufe
d'avoir laiffé leur ouvrage imparfait; les
gens éclairés démêleront la fageffe de leur
conduite, & leur rendront juftice : c'eft
leur fuffrage feul qu'il faut mériter.

Il ne fuffit pas de ménager avec douceur les préjugés les plus chers à la nobleffe Polonoife, il faut encore éviter de
vous rendre fufpects aux puiffances étrangeres, qui fans doute, ainfi que je l'ai dit
dans un chapitre précédent, feront attention aux changemens que vous ferez. Par
exemple, fi elles voient que vous voulez
mettre vos milices fur un certain pied &
vous rendre redoutables à vos voifins, ne
doutez point que celles qui aiment votre
foibleffe, ne s'oppofent de toutes leurs
forces à vos projets. Elles feront des me-
naces, noueront des intrigues avec quelques-uns de vos plus grands feigneurs qui
ne réfifteront point au plaifir d'être re-
cherchés par des têtes couronnées. Ces
puiffances acheteront des amis & des partifans par leur libéralité, & n'oublieront

rien , en un mot , pour former dans l'intérieur de la république des partis & des
foutiens qui rendroient inutiles tous les
foins des confédérés. Je crains que vos
alliés naturels , c'eft-à-dire , les puiffances
qui font intéreffées à voir augmenter vos
forces militaires , & qui voudroient déjà
les employer à leur fervice , ne veuillent
vous infpirer à cet égard une diligence
précipitée. Il faut fe garder de fe rendre
à leurs féduifantes invitations. Repréfen-
tez-leur que vous avez des voifins qui
vous condamnent à une extrême circonf-
pection. Ajoutez que vous devez d'abord
vous occuper plus de vous - même que
des étrangers ; qu'il eft prudent d'établir
fon bonheur domeftique avant de fonger
aux ennemis qui peuvent vouloir le troubler , & que vous ne différez la réforme
de toute la partie militaire que pour la
faire dans la fuite avec plus de fuccès.

On n'entreroit pas dans ma penfée , fi
on croyoit que je confeille la pufillanimité
& la molleffe , quand je dis qu'on ne doit
publier qu'avec une prudente lenteur les
loix qu'il faut oppofer aux abus dont la
Pologne eft défolée. Je fens à merveille
que fi on les tolere , ils parviendront peu

à peu & par des efforts redoublés (car les passions ne se laissent point) à ruiner l'ouvrage des réformateurs, c'est-à-dire, à corrompre la puissance législative & les magistrats chargés du soin de faire exécuter les loix. Je sais que de moindres vices ont conduit à leur ruine des républiques infiniment plus sages que ne le sera jamais la Pologne. Mais ces considérations qui me présentent un avenir incertain & me font craindre que vos compatriotes ne se laissent détourner par leurs vices de la route du bonheur où vous les aurez placés, ne sont pas capables de me faire renoncer aux principes de prudence & de lenteur que je viens d'établir. Il est vrai qu'avec les ménagemens que je demande, les Polonois resteront exposés à retomber dans l'abyme d'où on les aura retirés. Mais n'est-il pas évident, monsieur le comte, que sans ces mêmes ménagemens vous ne pourrez pas même commencer d'en sortir ? Il vous est aisé de juger ce qu'une saine politique vous ordonne dans ces circonstances. La crainte de ne pouvoir point atteindre subitement à un bonheur entier, doit - elle vous empêcher d'en jeter les fondemens ?

Après avoir préparé une république floriſſante, par l'établiſſement de la puiſſance législative & de la puiſſance exécutrice, il s'en faut bien que je condamne les confédérés à une honteuſe & indiſcrete inaction. Au lieu de publier des loix, ils doivent apprendre à la nation quels ſont les réglemens qu'elle doit deſirer, qu'elle doit demander, qu'elle doit faire. Je voudrois qu'étant l'ame inviſible de toutes les penſées & de tous les mouvemens de la république, ils paruſſent ne point agir; tandis que par leur ordre ou par leur inſpiration, les bons citoyens de chaque palatinat & les conſeils miniſtériels du ſénat demanderoient à la diete législative les loix particulieres dont la république a beſoin. La réforme ſe feroit alors ſans précipitation, & les eſprits feroient d'autant plus diſpoſés d'obéir aux loix qu'elles ne paroîtroient accordées qu'aux prieres des citoyens. On dit ordinairement qu'un abyme appelle un abyme. N'eſt-il pas également vrai que la réforme d'un abus invite à en proſcrire un autre? Les eſprits éclairés par l'expérience du bien, doivent être plus empreſſés à le chercher.

H iij

Pourquoi n'indiqueroit - on pas dans l'édit même qui établiroit la forme du gouvernement, les nouvelles loix dont la Pologne a besoin ? Il me semble qu'avec un peu d'art on peut tracer à la nation la route qu'elle doit tenir pour arriver au bonheur. En se contentant de présenter ainsi les objets les plus intéressans pour la société, on instruira la noblesse, on l'éclairera sans la révolter. Peut-être même, monsieur le comte, que la publication de ce mémoire, que les confédérés m'ont fait l'honneur de me demander, ne seroit pas entiérement inutile. Mais je voudrois principalement, qu'exposant dans un ouvrage particulier les motifs qui ont réglé tous les pas & toutes les démarches de la confédération, vous rendissiez en quelque sorte immortel dans votre patrie l'esprit qui l'a inspirée. C'est alors que je ne craindrois plus que ce reste de levain pour lequel j'ai demandé grace, fermentât dans la république & la fît retomber dans ses premiers malheurs. Je souhaite que vous approuviez les réflexions que vous venez de lire ; mais si je me suis trompé, je souhaite que vous combattiez mes erreurs, & que les confédérés se conduisent par d'autres principes : car perſonne ne deſire plus vivement que moi le bonheur de votre patrie.

Je vais joindre ici quelques remarques ſur chaque branche de l'adminiſtration, & examiner plus particuliérement ce qu'on peut faire dans le moment de la révolution, ſans bleſſer les préjugés des Polonois & les intérêts des puiſſances étrangeres.

CHAPITRE XI.

Du département du grand chancelier, ou du conseil de justice.

QUELQU'injustes que nous rendent nos passions, nous conservons dans le fond de notre cœur une sorte de respect pour la justice ; son nom suffit quelquefois pour arrêter & suspendre nos emportemens les plus impétueux. Les brigands eux-mêmes l'invoquent entr'eux ; & je n'ai jamais entendu parler que d'un seul homme qui, au lieu de pallier ses injustices, fut assez dépravé & assez impudent pour en plaisanter cruellement devant les personnes qu'il opprimoit. On sera toujours sûr de plaire aux citoyens, quand on parlera d'établir entr'eux les regles de la plus exacte justice.

Dans le préambule de l'édit qui établira un conseil de justice, il ne seroit peut-être pas inutile de rappeller ces vérités triviales, que ce n'est que pour avoir des juges dans leurs différends, & n'être pas obligés de repouſſer une injure par la force, que les hommes ſe ſont réunis, & ont conſenti à reconnoître une autorité publique, des juges & des tribunaux. Il ſera bon de prouver en peu de mots, que la bonne adminiſtration de la juſtice peut ſeule entretenir entre les citoyens la paix, l'union & la concorde; que ſans ſon ſecours on n'eſt jamais en ſûreté contre la tyrannie de ſes ſupérieurs, la violence de ſes égaux & les artifices de ſes inférieurs; & qu'enfin l'amour des loix & le reſpect pour le gouvernement, c'eſt-à-dire, la force de la république, ne ſe rencontrent qu'à la ſuite d'une juſtice ſagement adminiſtrée.

En conséquence il ſera ordonné à tous les juges de ſe conformer dans leurs jugemens aux regles les plus exactes de la juſtice, & de n'être ni plus ſéveres ni plus indulgens que la loi. Après avoir obſervé qu'il s'eſt vraiſemblablement gliſſé pluſieurs abus dans les tribunaux, & que les loix civiles doivent avoir pluſieurs vices, puiſque la république a éprouvé de ſi grands malheurs, il ſera ordonné au chancelier & à ſon conſeil de faire un examen profond de tout ce qui intéreſſe l'adminiſtration de la juſtice tant civi!e que criminelle, & d'expoſer leurs remarques dans des mémoires qui feront renus aux dietes fuivantes, pour qu'elles ſtatuent ſur cet objet important. On promettra d'avance d'annuller, de changer, de modifier quelques loix anciennes qui ont été l'ouvrage de la force ou de l'anarchie, d'éclaircir celles qui ſont obſcures ou équivoques, & de publier enfin, le plus tôt qu'il ſera poſſible, celles qu'on croira néceſſaires d'après les demandes ou les repréſentations du conſeil de juſtice, & les différentes inſtructions que les diétines donneront à leurs nonces. Si je ne me trompe, un pareil préambule d'édit invitera tous les Polonois à réfléchir ſur leurs loix ; & en découvrant une foule de vices monſtrueux, ils deſireront avec empreſſement un nouveau code.

Cette maniere noble & franche de procéder me paroît infiniment plus avantageuſe que je ne ſais quel uſage, dont quelques-uns de vos compatriotes m'ont fait l'honneur de me parler, quand je les ai entretenus de la circonſpection avec laquelle les réformateurs devoient agir pour ne pas effaroucher les eſprits, & de

la néceffité cependant où vous étiez de
préparer des remedes contre les abus qui
pourroient encore renverfer les principes
du nouveau gouvernement. On figne,
m'a-t-on dit, une ordonnance ou réglement à porte clofe ; on s'engage fous la
foi publique & le fceau du ferment, de
ne point révéler ce qu'il contient ; on le
dépofe dans les archives de la république, & en l'indiquant dans les codes des
loix, on dit feulement : *fecundum fcrip-
tum ad archivum porrectum*. Voilà, m'a-
joutoit-on, un moyen tout trouvé &
très-commode pour faciliter les opérations des réformateurs, & dérober toute
forte d'établiffement, non - feulement à
la connoiffance des étrangers, mais des
Polonois même ; & ainfi l'on n'excitera
aucune agitation dangereufe dans les
efprits.

Permettez-moi de le dire, ce procédé
ténébreux & myftérieux ne convient
qu'à un législateur qui veut établir la tyrannie. Pour corriger votre gouvernement, faut-il employer un moyen qui
n'eft pas moins vicieux que le *liberum
veto ?* Quoi, des loix fecretes, des loix
inconnues, des loix qui ne font pas pu-

bliées à la face du ciel & des hommes !
Dans les tems malheureux de nos guerres
de religion , nos cours souveraines ont eu
des regiſtres secrets, où l'enregiſtrement
des loix étoit dreſſé avec des clauſes toutes
différentes que dans les regiſtres publics. A
quoi servoit cette fraude ? A ruiner toute
créance , & à perpétuer le fanatiſme,
les haines & la guerre. Qu'importe à vos
compatriotes d'avoir des loix qu'ils ignorent ? Loin de pouvoir s'aſſocier avec la
liberté , un pareil uſage la détruit néceſſairement. Avec des loix inconnues , comment ſait-on ſi on eſt coupable ou innocent ? Cette incertitude n'eſt-elle pas le
comble du malheur pour un citoyen , &
ne doit-elle pas lui rendre odieux le gouvernement, dont le principal objet eſt d'aſſurer notre repos & notre tranquillité en
méritant notre confiance ?

C'eſt ſans doute un bien que l'unifor-
mité des loix & des coutumes dans une
république ; mais quelque grand que ſoit
ce bien , il ne faut pas l'acheter trop chérement. Je ſouhaiterois donc qu'on re-
marquât dans le préambule du même édit,
que malgré l'avantage qu'on trouveroit à
établir le même droit & une parfaite uni-

formité dans toutes les terres de la république , les dietes doivent cependant être
difposées à laiffer fubfifter quelques diffé-
rences dans les loix & les coutumes de
quelques palatinats , quand ce fera une
chofe utile pour eux. Par cette conduite
modérée , on préviendra fans peine les
efprits en faveur des loix nouvelles qu'on
méditera ; on les attendra avec impatience ; & la réforme eft à moitié faite ,
quand on ne la craint pas.

Il ne fuffit pas que les loix dont dépend
la fûreté des citoyens , foient claires &
juftes ; il eft encore indifpenfable qu'on
puiffe en implorer commodément la protection contre un citoyen qui ne confulte
que fa cupidité ou fa vengeance. Pourquoi
donc n'avertiroit-on pas dans le même édit
les diétines qu'il leur fera permis d'établir dans leur reffort une cour fupérieure
de juftice , où toutes les affaires feront
jugées définitivement ? Je n'imagine point
par quelle raifon un pareil procédé déplai-
roit à la nobleffe Polonoife , puifqu'on
n'ordonneroit rien , & qu'on ne feroit
que permettre. Il y a fans doute des hommes injuftes , qui craignent des juges &
des tribunaux trop voifins ; mais perfonne.

n'osera avouer une pareille crainte. L'érec-
tion de ces nouvelles cours de justice,
auxquelles il faut accorder libéralement
tout le pouvoir & toute la force dont elles
ont besoin pour faire exécuter leurs jugemens, est peut-être le seul moyen de se
passer des anciennes, qu'on peut suppri-
mer, mais, si on ne m'a point trompé
sur la nature des abus monstrueux qui y
regnent, qu'il est certainement impossible de réformer. Je ne m'arrêterai pas,
monsieur le comte, à prouver qu'il faut
assigner un terme aux procès, & puisque
l'infaillibilité n'est pas le partage des hommes, borner autant qu'on pourra les ap-
pels qui font courir inutilement les plai-
deurs de tribunal en tribunal ; & je passe
à des objets plus importans.

S'il étoit possible que les bourgeois des
villes eussent quelque part à l'administration de la justice, & devinssent ainsi membres de la république, dont ils ne font
que les malheureux sujets ; s'il étoit possible d'ôter aux seigneurs la justice souveraine dont ils oppriment les habitans de
leurs terres ; s'il étoit possible d'ériger des
tribunaux où les paysans pussent réclamer
avec quelque succès les loix de l'huma-

n nité ; ce feroit rendre à la Pologne les
fervices les plus importans. Mais il n'eſt
pas tems de penfer à de pareils établiffemens ; il n'eſt pas même permis de laiffer paroître qu'on ait eu de femblables
idées : ce feroit révolter des préjugés trop
anciens & trop accrédités.

Il feroit fans doute très-aifé de prouver
que les nouveautés dont je parle, feroient fleurir les villes de la couronne &
celles des feigneurs, où les bourgeois
prefque efclaves, font abrutis par une
mifere & une pareffe qui étouffent toute
induſtrie. Vos campagnes qui offrent par-
tout l'image de la pauvreté, de la fervitude & du malheur, prendroient une
forme nouvelle. Elles ne feroient plus
habitées par des efpeces de brutes, fi les
loix daignoient traiter les payfans comme
des hommes. Les talens & l'induſtrie
naîtroient de tous côtés. La Pologne ne
languiroit plus fous l'empire des juifs, qui
femblent porter avec eux le malheur qui
les fuit. Si on m'a fait, monfieur le comte,
une relation fidelle, ce n'eſt point la nobleffe, ce font les juifs qui font les maîtres
de la Pologne. Vous êtes devenus les
tributaires de leur avarice & de leurs ufu-

res. Ils vous ont forcés à ne pouvoir plus vous paſſer d'eux. Ils ont habilement profité de la ſtupidité groſſiere où vous avez jeté votre peuple, pour ſe rendre néceſſaires. Ils abuſent de vos beſoins & de votre ignorance pour s'enrichir à vos dépens. Ils ſont vos ennemis, ils vous abandonneroient ſi vous n'étiez pas leurs dupes, & ſans que vous vous en doutiez, ils vous puniſſent cruellement des injuſtices fréquentes que vous leur faites éprouver.

Il ſeroit très-facile de faire voir de la maniere la plus évidente, combien la république deviendroit en peu de tems puiſſante & heureuſe, ſi elle intéreſſoit à ſon ſort les bourgeois, les payſans & ces juifs dont je viens de dire tant de mal. On démontreroit à la nobleſſe qui poſſede toutes les terres, que ſa fortune augmenteroit conſidérablement, s'il étoit permis aux bourgeois & aux juifs même d'avoir des poſſeſſions. De vaſtes terreins aujourd'hui inutiles à leurs poſſeſſeurs, donneroient de nouvelles richeſſes à la république. La ſervitude frappe les hommes & les terres de ſtérilité; & la liberté, en multipliant vos habitans, donneroit un nouveau prix aux productions de la terre,

feroit naître les arts que vous ignorez , &
vous fourniroit les forces néceſſaires pour
vous défendre contre vos ennemis &
vous faire reſpecter.

Tout cela eſt évident ; mais par malheur il eſt encore plus évident que la Pologne eſt trop loin de ces vérités pour les
comprendre. Je ne parle pas de la grande
nobleſſe , elle eſt aſſez élevée pour croire
qu'il ne lui importe pas de tenir le peuple
dans la miſere , le mépris , l'opprobre &
l'oppreſſion ; mais je parle de cette petite
nobleſſe qui trouve très-commode de piller les bourgeois , les payſans & les juifs ,
& ſe venge ſur eux de la baſſeſſe avec
laquelle elle ſe proſtitue aux pieds des
grands. Si le peuple s'élevoit un peu après
qu'on auroit rompu ſes chaînes , elle
craindroit de ſe voir confondue avec lui.
Si cette nobleſſe pouvoit ſoupçonner que
les réformateurs euſſent à cet égard des
vues contraires à ſes préjugés , je ne doute
point qu'elle ne ſe ſervît de ſes forces ,
auxquelles certainement rien ne pourroit
réſiſter , pour conſerver au gouvernement tous ſes vices anciens. La prudence ne permet donc pas de laiſſer entrevoir , dans le moment de la réforme ,

les projets salutaires qu'on devroit former
en faveur des bourgeois, des paysans &
des juifs. Il faut même cacher les vœux
que tout bon citoyen doit faire à cet égard,
& attendre que le gouvernement établi
sur de plus sages principes ait eu le tems
d'éclairer les esprits, d'affoiblir les préjugés & de faire aimer le bien public. Que
faudra-t-il faire alors ? Il seroit inutile de
m'étendre actuellement sur cette matiere.
Les Polonois instruits par leur expérience,
jugeront beaucoup mieux que moi de ce
que leur permettront les circonstances,
& du parti qu'ils en pourront tirer.

C'est avec la même sagesse qu'il faut
ménager les abus de la jurisdiction ecclésiastique. Il seroit téméraire de tenter
quelque changement à cet égard, avant
que d'avoir dissipé l'ignorance qui con-
fond la religion & la superstition & auto-
rise la morale la plus relâchée. En voyant
que la cour de Rome, autrefois si redou-
tée des souverains dont elle ébranloit le
trône, ne conserve aujourd'hui dans les
pays catholiques qu'un reste languissant
de jurisdiction qui ne lui donne aucun
pouvoir, on seroit porté à croire que les
circonstances sont favorables à la Pologne

pour recouvrer à son tour l'indépendance
qui appartient à toute société, & ne plus
souffrir que le nonce du S. Pere eût un
tribunal à Varsovie, & y exerçât une véritable magistrature. Mais si les Polonois
sont persuadés, comme on me l'assure,
de l'infaillibilité du pape, & croient qu'il
peut les damner ou les sauver à son gré;
si aux grandes vérités de l'évangile ils
ont substitué une foule de pratiques puériles & minutieuses, la Pologne doit craindre de se rendre méprisable & odieuse,
en voulant hâter une réforme qu'on prendroit pour une hérésie & une impiété.

Je vous prie, monsieur le comte, de
même que vos collegues, d'observer que
la jurisdiction du nonce de la cour de
Rome est moins fâcheuse pour la Pologne, que l'autorité qu'y exercent vos
propres ecclésiastiques. Si vous voulez
attaquer à la fois ces deux abus, la cour
de Rome & vos prélats réuniront leurs
forces, & jamais vous n'en pourrez triompher. Il faut commencer par priver vos
ecclésiastiques de la protection du S. Pere.
Il faut séparer les intérêts de ces deux puissances unies, en apprenant aux laïques
que la Pologne doit avoir ses libertés, &

à vos évêques qu'il est tems qu'ils jouissent de la même indépendance que ceux
de plusieurs autres états. Dès que cette
doctrine salutaire commencera à s'établir,
la cour de Rome qui craindra pour son
autorité, ne sera pas disposée à soutenir
de son crédit le clergé de Pologne, & la
puissance législative pourra publier alors
les loix qu'elle jugera les plus salutaires
pour le bien de la religion & les progrès
des mœurs. Mais j'ajoute que cette révolution ne doit se faire qu'en répandant des
lumieres qui peu à peu dissiperont l'erreur
& les préjugés.

Nous avons en françois plusieurs excel-
lens ouvrages sur les droits & les bornes
des deux puissances; s'ils étoient traduits
en polonois, il n'est pas possible qu'après
avoir peut-être un peu scandalisé, ils ne
parvinssent enfin à persuader les bons esprits. Je recommanderois principalement
la lecture des écrits de l'abbé Fleury. Ses
discours sur l'histoire ecclésiastique sont un
des plus beaux ouvrages de notre langue;
tout y respire la vérité, la candeur & l'a-
mour de la justice & de l'ordre. Son histoire qui nous peint avec tant de détails la
naissance & les progrès de la religion, qui

nous la présente telle qu'elle a été ensei-
gnée par Jésus-Christ & les apôtres, est
très-propre à nous prévenir contre les erreurs que les passions des hommes ont
voulu joindre à l'ouvrage de Dieu. Nous
avons encore plusieurs ouvrages de Bos-
suet, de Nicole, &c. Peut-on craindre de
s'égarer avec de pareils guides ? Quand les
Polonois verroient que la politique de la
cour de Rome est absolument étrangere
au pouvoir purement spirituel que Jésus-
Christ a donné à S. Pierre & à ses disci-
ples, ils pourroient croire qu'on peut
blâmer l'avarice & l'ambition de quelques papes sans être impie ni hérétique ;
& que si les prétentions de l cour de
Rome sont injustes, il n'est pas défendu
d'en secouer le joug, & de ne plus reconnoître dans le nonce une magistrature
qui ne se soutient que par les abus qu'elle
favorise. Après cette révolution les esprits
s'éclaireroient sans effort, & vous n'auriez plus une morale que la politique doit
proscrire, & dont vous trouverez les censures dans les *Provinciales.*

Tous les ans on choisit en Pologne
de nouveaux juges pour tenir les cours
de justice ; cet usage est très-utile, & il

n'eſt queſtion que d'établir, s'il eſt poſſible, des regles certaines pour que le choix
des magiſtrats ne ſoit pas l'ouvrage de la
cabale & de l'intrigue. Peut-être y réuſ-
ſiroit-on ſans beaucoup de peine, s'il s'é-
tabliſſoit dans chaque palatinat, ainſi que
je l'ai propoſé, une cour de juſtice, &
que les diétines fuſſent chargées d'en nommer les magiſtrats. Je deſirerois même
que les bourgeois de la ville euſſent quelque part à cette nomination, & que les
principaux officiers du palatinat n'y en
euſſent aucune. Ma raiſon, c'eſt que les
hommes ſont portés à favoriſer les grands,
& que des magiſtrats, ſi on leur permet
quelqu'inclination particuliere, doivent
pencher en faveur des petits & des foibles. Vous ſentez d'ailleurs, monſieur le
comte, qu'un pareil établiſſement retireroit vos bourgeois de l'état abject dans lequel ils languiſſent, & que vous pourriez
enfin eſpérer d'avoir parmi vous ce que
nous appellons le tiers état, & qui par-
tout eſt deſtiné à faire la grandeur & la
gloire des nations.

S'il arrivoit que, ſous prétexte d'avoir
des juges plus éclairés, & trompé par ce
qui ſe paſſe dans quelques provinces de

à l'Europe, on proposât de rendre perpé-
tuelles les magistratures de vos cours supérieures, il faudroit rejeter cet établissement comme pernicieux & contraire au
bien public. Dans la forme actuelle, si
les juges sont pervers ou mal intentionnés, l'inconvénient est court & passager,
& on se console du mal présent, en es-
pérant d'avoir bientôt des juges plus instruits & plus justes. La corruption ne se
perpétue point dans ces tribunaux toujours renouvellés, comme dans ceux où
les mêmes juges exercent leur magistrature pendant toute leur vie. On ne s'y fera
point une jurisprudence de routine qui
n'est propre qu'à ruiner l'autorité des loix.
Des magistrats qui ne sont en place que
pendant un an ou deux, n'ont pas un esprit de corps, auquel on sacrifie toujours
les intérêts de la justice, & n'imaginent
point des prétentions ou des prérogatives
particulieres, qui jettent toujours quelqu'embarras dans les affaires générales de
la république.

Si les loix sont simples & claires, il
n'est pas besoin de beaucoup d'étude
pour faire un bon juge ; si elles sont em-
brouillées & obscures, elles ouvrent par-

là même une libre carriere à la fraude &
à la chicane, & j'oserois vous répondre
que les magistrats ne deviendroient pas
plus habiles en vieilliffant dans leur tribunal : accoutumés à fe laiffer tromper par
des fophifmes, ils parviendroient à croire
que le vrai & le faux font également pro-
bables. Aujourd'hui tout gentilhomme
Polonois eft appellé par fa naiffance à
défendre fa patrie le fabre à la main ; il eft
foldat, il croit devoir l'être, & cette opinion eft très-utile à la fûreté & á la liberté
de la république. Si la magiftrature n'étoit
plus une fonction paffagere, il y auroit
bientôt des Polonois qui ne fe croiroient
plus foldats : il en réfulteroit une féparation
entre les fonctions civiles & les fonctions
militaires, féparation qui dégrade néceffairement tous les talens politiques, & ne
produit prefque jamais que des hommes
médiocres. Les républiques anciennes, qu'il
faut toujours avoir devant les yeux quand
on veut faire de grandes chofes, avoient
des hommes admirables, c'eft-à-dire, des
citoyens qui avoient étudié tous les befoins & tous les devoirs de la fociété ;
ils s'y étoient également exercés ; & ces
connoiffances qui s'aidoient mutuelle-

ment

ment , étendoient tous les talens. Nous autres modernes nous n'avons que des talens ébauchés , dont nous ne favons pas tirer parti pour l'avantage général de la fociété. Bornés par notre ignorance, nous ne fommes utiles à la patrie , que quand par hafard elle a befoin du métier que nous avons appris.

Les affaires étrangeres , j'entends par cette expreffion la conduite de la république à l'égard de fes alliés & de fes ennemis naturels , forment une autre branche de l'adminiftration du chancelier. Jufqu'à préfent la Pologne a eu peu de relations au ‑ dehors ; on négligeoit fon alliance, parce qu'on n'en attendoit aucun fecours. De fon côté, toujours condamnée à l'inaction par fes mauvaifes loix , & trop divifée par fes querelles domeftiques pour prendre part aux événemens de l'Europe, elle négligeoit d'envoyer des ambaffadeurs qui n'auroient joui d'aucune confidération , & fe flattoit que cette politique de l'équilibre dont on parloit tant & qui dans la vérité n'eft rien , lui ferviroit de fauve-garde. Mais tout prendra une face nouvelle après la réforme de votre gouvernement. Les Polonois deviendront une puiſſance reſpectable, dès que leurs loix les mettront en état de connoître leurs forces & de s'en ſervir. Il n'y aura point de peuple qui ne recherche votre alliance, & ne tienne un miniſtre à Varſovie. La république ſentira elle - même combien il lui importe d'être inſtruite des paſſions, des vues & des entrepriſes des principales cours, & elle y enverra des ambaſſadeurs. Il s'agira de nouer & d'entretenir des négociations, de former les ligues ſoit offenſives, ſoit défenſives, & de conclure des traités. Puiſqu'il en peut réſulter de grands biens & de grands maux, la Pologne doit donc apprendre à calculer ſes eſpérances & ſes craintes, & ſe faire des principes ſages dont elle ne s'écarte jamais ; car on ne ſauroit croire combien une conduite conſtante & uniforme inſpire de confiance à nos amis & de crainte à nos ennemis. Puiſque la fortune amene des conjonctures bizarres & extraordinaires, où l'état le mieux conſtitué ne peut ſe ſuffire à lui-même & a beſoin d'avoir des alliés, il faut donc ſe former des hommes habiles dans la partie importante des négociations : & c'eſt, je crois, un motif bien puiſſant pour engager les réformateurs à former dans le sénat un conseil particulier, qui ne soit chargé que des affaires étrangeres. Je n'imagine point ce qui pourroit s'opposer à cet établissement. Il n'est besoin ici d'aucune adresse pour préparer les esprits à cette nouveauté. La nation sera sans doute flattée de n'être plus oubliée en Europe, & toute la grande noblesse verra avec plaisir qu'on ouvre une nouvelle carriere à son ambition.

Soit qu'on laisse au chancelier la direction des affaires étrangeres, soit qu'on en fasse un nouveau département, il est d'autant plus nécessaire que les loix prescrivent des regles générales de conduite à l'égard de cette branche de l'administration, qu'elle sera nouvelle & pour ainsi dire inconnue des Polonois. Rien n'est plus difficile que de ne se pas tromper, lorsqu'un peuple change de situation & est obligé de se faire de nouveaux principes avant d'avoir eu le tems de les étudier. On croit ne consulter que les lumieres les plus pures de la raison, & sans qu'on s'en apperçoive on ne suit encore que ses passions & ses préjugés. S'est-on égaré dans une fausse route ? il est rare d'appercevoir son erreur, & plus rare encore de la réparer, & on s'attache de plus en plus à un mauvais syftême qu'on fuit par routine, & cette routine pernicieufe paroîtra enfin la politique la plus avantageufe. Il eft très-vraifemblable que la conduite des premiers négociateurs Polonois fervira de modele à leurs fucceffeurs. Si ces réflexions font vraies, vous voyez, monfieur le comte, combien les réformateurs doivent s'appliquer à infpirer de bons principes à leur nation, & à diriger fes premieres démarches.

La loi ordonnera donc au fénat de ne pas fe livrer témérairement à des efpérances féduifantes, & de ne contracter d'abord que des alliances paffageres, pour fe donner le tems de difcerner fes vrais amis. Elle déclarera de la maniere la plus expreffe, que la république contente des terres qu'elle poffede, renonce actuellement & pour toujours à tout projet ambitieux de reculer fes frontieres, de rentrer dans les provinces qu'elle a autrefois poffédées. Elle ordonnera aux adminiftrateurs des affaires étrangeres, fous peine d'être regardés comme ennemis de la patrie, de ne fe point propofer d'autre fin dans les négociations, les alliances & les

traités, que la conservation de la république. On leur recommandera de cultiver
la paix avec soin, de ne rien négliger
pour mériter l'estime & l'amitié des états
voisins, & d'interposer leur médiation
dans toutes les affaires de vos alliés. Qu'on
ne croie pas que ce ne soient là que des
propos de parade que je conseille pour
tromper les étrangers & les empêcher de
troubler les opérations des confédérés
dans la réforme qu'ils méditent. Je puis
protester, & les écrits que j'ai publiés en
font foi, que malgré la mode, je regarde
la justice, la vérité & la modération
comme les principes de la prospérité politique; & l'injustice, la fraude & l'ambition, comme autant de causes de la ruine
des états : on aura beau manier les vices
avec art, on ne les dénaturera pas.

Le conseil des affaires étrangeres ne
donnera aucune instruction ni aucun ordre
aux agens de la république, sans en avoir
fait le rapport au sénat. Le président du
conseil rendra compte à chaque diete générale de la situation respective de la république, de ses voisins & de ses alliés.
Il ajoutera un tableau des principales affaires de l'Europe, & des mouvemens dont

elle peut être menacée. Je ne saurois souffrir le myftere qu'on met dans les négociations, & j'oferois affurer ces politiques
qui s'enveloppent avec tant de foin, qu'on
les devine fouvent ; & quand on ne les
devine pas, qu'on ne les croit jamais, &
que toute leur peine eft perdue. On ne
peut agir trop ouvertement, fi on ne veut
ni tromper ni être trompé. Tous les traités feront conclus par le roi & le fénat,
& ratifiés par la diete générale ; & cette
ratification fera néceffaire pour leur donner le caractere d'engagement & la force
de loi. On fe récriera peut-être, monfieur
le comte, que j'expofe votre république
à une lenteur incommode. Soit, mais je la
préferve d'une étourderie qui n'eft pas
incommode, mais funefte & ruineufe. La
regle que je propofe eft néceffaire, fi on
defire que la Pologne ait une politique
uniforme & conftante, & que le fénat
refte foumis à la nation.

CHAPITRE XII.

Du département du grand-maréchal, ou du conseil de police.

LES fonctions du grand-maréchal se bornent à la police de Varsovie. Sa jurisdiction ne s'étend qu'à trois lieues de cette capitale, & elle cesse dès que le roi est absent. Ce ne seroit pas la peine de substituer un conseil particulier au grand-maréchal, si on ne lui attribuoit pas la connoissance de tout ce qui peut être compris sous la dénomination de police générale de la république.

Plus les Polonois ont négligé jusqu'à présent leur police intérieure, plus il est nécessaire de faire de grands efforts pour réparer cette négligence. Je vous en demande pardon, monsieur le comte, mais il est nécessaire que je sois instruit de la vérité. J'ai oui dire à des étrangers que la police de votre patrie ne vaut guere mieux que celle de la Tartarie. Est-il vrai que dans une république, où l'on suppose

toujours l'amour de la liberté & de la
patrie, on n'ait pris cependant aucun soin
de ce qui intéresse le public? J'ai de la
peine à croire que votre nobleffe étant
fouvent obligée de voyager pour vifiter
fes terres & fe rendre à fes diétines ou
à la diete, vous n'ayez cependant point
de chemins. On m'a peut-être trompé,
en me difant que dans vos villes même
les plus confidérables, un voyageur manque des chofes les plus néceffaires. Vous
êtes obligés de voyager avec armes & ba-
gage, & pour retraite dans la nuit vous
ne trouvez que le repaire impur d'un juif
ou la malheureufe maifon d'un payfan.
Cette incurie fauvage, car de quelle autre
expreffion pourroit-on fe fervir? fuppo-
feroit d'étranges mœurs. Je ne conçois
rien à cette indifférence de la nobleffe
pour les commodités les plus communes.
A quoi faudroit-il attribuer cette ftupi-
dité de vos juifs qui n'ofent pas avoir de
l'induftrie, malgré leur avidité? Eft-ce que
s'ils travailloient à préparer des auberges
commodes aux voyageurs, ils ne feroient
payés ni de leurs peines ni de leurs
avances?

Quoi qu'il en foit, je defirerois que le

conseil de police fût chargé de la construc-
tion des chemins, de la navigation des
rivieres, & que dans chaque palatinat il
y eût des bureaux particuliers chargés
d'exécuter ſes ordres. Je voudrois ſur-
tout que les réformateurs invitaſſent le
nouveau miniſtere à chercher les moyens
les plus propres pour empêcher que déſormais l'arrivée d'un gentilhomme dans
un village ou dans la ville d'un ſeigneur,
n'y fût regardée comme un fléau. Mais
je me trompe, monſieur le comte, ce
n'eſt point de cette maniere qu'il faut s'y
prendre pour opérer une réforme. Tout
ſeroit perdu, ſi votre petite nobleſſe pouvoit ſoupçonner qu'on voulût détruire
ſon *droit de gîte* qui lui eſt ſi commode.
L'édit qui établira le conſeil de police,
doit ordonner ſimplement de veiller à
la ſûreté des voyageurs & de propoſer à
la prochaine diete ce qu'on aura penſé de
plus favorable pour parvenir à cette fin.
On fera alors des loix contre les brigands
& les voleurs, dont perſonne avec quelque pudeur ne peut embraſſer la défenſe,
& on prendra en même tems les meſures
les plus efficaces pour que ces loix ne
ſoient pas inutiles. Vous ſentez que votre

petite nobleſſe craignant d'être confondue avec les brigands, renoncera par néceſſité à ſon *droit de gîte*, & que bientôt la Pologne reſſemblera à la plupart des autres pays de la chrétienté; on y voyagera avec les mêmes commodités. Il me ſemble que les ſeigneurs & la nobleſſe riche doivent favoriſer ces établiſſemens; car il leur importe de ſe débarraſſer de tout cet attirail d'équipages qui les accompagne dans leurs voyages, & de protéger leurs ſujets qui ne ſont jamais vexés ſans que le ſeigneur lui-même en ſouffre.

J'ai beau entendre parler d'argent, & diſcuter avec emphaſe les moyens d'en faire entrer beaucoup dans un état, & d'en empêcher la ſortie; jamais je ne pourrai me perſuader qu'en bonne politique une nation doive regarder le commerce comme ſa principale affaire. Dès qu'elle ne s'étudiera qu'à multiplier ſes échanges, à beaucoup vendre, acheter & revendre pour beaucoup gagner, je vous réponds qu'elle ne conſervera aucune nobleſſe dans ſes ſentimens; & ſi elle aime encore ſa liberté, elle la vendra bientôt comme un ballot de marchandiſes. Mais il y a un excès oppoſé qui n'eſt peut-être pas moins dangereux ; c'est de laisser périr entre ses mains la plupart de ses richesses, & de ne savoir pas en profiter pour entretenir une honnête abondance entre les citoyens. Qu'arrive-t-il de cette mauvaise politique ? Que l'indigence ne flétrit & n'avilit pas moins les ames que la trop grande passion de s'enrichir. Dès qu'une noblesse qui se croit souveraine ne pourra suffire à ses besoins, elle se prostituera dans les plus bas emplois, & recevra humblement quelques florins pour subsister : & voilà des citoyens dont la patrie peut tirer sans doute de grands avantages. La république peut-elle subsister, tandis que les citoyens riches & fiers de leurs richesses auront des mœurs de princes, & les pauvres des mœurs de valets ? Malgré la doctrine de tous vos prétendus philosophes, la politique, comme la morale, évite également tous les excès. Une vertu outrée commence à devenir un vice ; & si la politique passe de certaines bornes, les établissemens les plus avantageux commencent à devenir funestes.

On ne peut qu'être prodigieusement étonné, quand on croit qu'ayant à peu de

chofe près tout ce qui peut vous être néceffaire, vous n'avez cependant ni arts,
ni manufactures, ni ouvriers. Vous regardez les juifs comme vos efclaves, &
j'ai déjà pris la liberté de le dire, ils font
les maîtres de la Pologne. S'il leur prenoit fantaifie de ne plus vous vêtir, vous
feriez nus, jufqu'à ce qu'il plût à des
Allemands ou à des Hollandois de vous
apporter à grands frais des étoffes. Il eft
tems de fortir de cette léthargie; & le
confeil de police rendra à la nation un
fervice bien fignalé, en établiffant de tous
côtés les manufactures qui vous font néceffaires. Qu'il vous apprenne à vous
fervir de vos matieres premieres, &
vous verrez l'abondance fuccéder à la
mifere. Vous ne pourrez d'abord donner
trop d'encouragement à l'induftrie; un
tems viendra où il faudra lui mettre des
entraves; qu'elle ferve vos befoins, &
non pas vos paffions.

Il me femble qu'on peut charger le
confeil de police d'un foin encore plus
précieux pour la république. Les mœurs
publiques doivent être foumifes à fon infpection. Quoiqu'on m'accufe, monfieur
le comte, d'aimer à me repaître d'idées

chimériques, ne croyez pas que je vous propose d'établir chez vous la censure des Romains : il y a long-tems que l'Europe n'est plus digne d'une pareille magistrature. Je me bornerai à dire que l'intendance de l'éducation, qui prépare des citoyens à la république, doit appartenir au conseil de police. Il seroit inutile de m'étendre sur l'importance de former le cœur & l'esprit des enfans dans une nation libre ; c'est une vérité dont tous les peres de famille sont convaincus. Dans le moment de la réforme, il suffira peut-être de faire des réglemens généraux, & de charger les diétines, chacune dans son ressort, de veiller d'une maniere particuliere à l'éducation, & de choisir, parmi les gentilshommes les plus distingués par leur mérite, quelques commissaires pour examiner la police des colleges, donner de l'émulation aux professeurs, la faire passer dans leurs éleves, & dresser des mémoires au sujet des établissemens qu'on pourroit faire, & que chaque diétine fera passer à la diete générale. On voit que par cette conduite le conseil de police intéressera un plus grand nombre de personnes à ses succès, & préviendra les inquiétudes, la défiance & les soupçons que les nouveautés ne manquent presque jamais de faire naître.

Il est tems que la philosophie pénetre enfin dans la Pologne, & bannisse de vos universités de misérables études qui sont plus dangereuses que l'ignorance. L'Ecriture sainte, qui ne nous a pas été donnée pour apprendre la physique, ne vous paroîtra pas moins respectable, quand on vous aura persuadé que le soleil ne tourne plus autour de la terre. L'étude vous rendra la religion plus chere ; & si je n'avois pas déjà dit dans ce mémoire combien la superstition produit de mal, j'inviterois les réformateurs à prier instamment les évêques de faire tous leurs efforts pour qu'on enseigne dans leurs dioceses une saine théologie. On doit, si je ne me trompe, ne rien négliger pour faire fleurir l'étude du droit naturel, de votre droit public, & de tout ce qui peut faire connoître la situation de l'Europe, ses loix, le gouvernement & les intérêts des différentes puissances, de même que les engagemens réciproques qui les lient. Ces connoissances sont indispensables dans une république qui traite avec ses voisins,

& où chaque citoyen a part au gouvernement. La médecine , la phyſique , les
mathématiques , l'hiſtoire , l'éloquence ,
les belles - lettres méritent d'avoir leur
école ; mais pour abréger je n'en parlerai
pas. Peut-être que chez les jéſuites vous
ne trouverez pas les maîtres que vous
pouvez deſirer , & dans ce cas le conſeil
de police devroit appeller des étrangers
qui ſe formeraient parmi vous des ſuc-
ceſſeurs.

Après avoir travaillé à faire des citoyens par une bonne éducation , il faut
tout mettre en uſage pour empêcher que
les jeunes gens en entrant dans le monde,
n'y trouvent des mœurs qui détruiroient
en un inſtant les principes de modeſtie,
de retenue, de tempérance & de déſin-
téreſſement , qu'on leur aura inſpirés. Je
vous propoſe , monſieur le comte , une
choſe néceſſaire , mais qui n'eſt pas aiſée.
Je connois la force de nos habitudes ; &
quoique les Polonois ſe vantent d'avoir
dans leur caractere notre flexibilité fran-
çoiſe , je doute fort qu'ils ne ſe moquaſ-
ſent pas d'un conſeil de police qui leur
ordonneroit de prendre de nouvelles
mœurs. Une pareille révolution eſt l'ou-

vrage du tems. Les loix conſtitutives dont
j'ai eu l'honneur de vous entretenir, la
prépareront ; mais que pouvez-vous attendre de ces loix, ſi toujours combattues
par vos anciens vices, elles n'exercent
qu'un empire douteux, & ne ſe ſoutien-
nent elles - mêmes qu'avec peine ? Les
réformateurs doivent aller à leur ſecours ;
& hâter le progrès des bonnes mœurs,
en proſcrivant le luxe qui a tant contribué
à votre décadence, & qui entraîne à ſa
ſuite tous les vices.

Sans loix ſomptuaires, dont le propre
eſt de rendre les richeſſes moins néceſſaires & l'amour de la gloire plus actif, n'eſpérez point d'établir parmi vous une liberté ſolide. Si vos anciennes dietes ont
publié quelques-unes de ces loix ſalutaires, n'oubliez rien pour les retirer de
l'oubli dans lequel elles ſont tombées. Il
me ſemble qu'à cet égard on peut agir
ſans aucun ménagement ; car ſi on ne m'a
point trompé par de fauſſes relations, la
fortune de votre grande nobleſſe n'eſt
plus ce qu'elle étoit autrefois. Les grands
ne tiennent que par vanité à un luxe qui
les incommode, & en ſecret ils regarde-
roient comme une faveur la loi qui les

t autoriseroit à ne pas achever de se ruiner.
Pour consolider votre ouvrage, tâchez de
trouver quelque moyen pour empêcher
qu'il ne se forme de ces fortunes immenses que redoute l'égalité républicaine, &
qui corrompent également leurs posses-
seurs & les pauvres qui les envient. Un
Suédois me disoit : *nos richesses sont très-
médiocres, & ce premier avantage nous en
procure un second, nous n'avons point de
pauvres, & j'en augure bien pour l'affer-
missement de nos loix.* Je voudrois qu'un
Polonois pût un jour en dire autant. Ne
désespérez de rien, monsieur le comte;
ce conseil de police, auquel on ne peut
d'abord attribuer qu'un pouvoir bien médiocre, sera encouragé par ses premiers
succès, & il étendra ses droits & sa jurisdiction à mesure que vos mœurs se per-
fectionneront. Ce conseil sera, si je puis
parler ainsi, votre baromettre politique :
suivant qu'il s'élevera ou qu'il baissera, il
vous annoncera des biens ou des maux.

CHAPITRE XIII.

Du département du grand-général, ou du conseil de guerre.

Dans la diete où les confédérés doivent propofer & établir un nouveau gouvernement, je crois qu'il feroit très-fage d'éviter avec foin tout ce qui pourroit faire penfer que la république veut fe rendre redoutable par fes forces militaires. A quoi fert d'avertir les étrangers qu'on veut former une puiffance qui peut les inquiéter ? Faites encore attention, je vous prie, qu'il eft impoffible d'augmenter le nombre de vos troupes, fans établir des impôts d'autant plus fûrs de déplaire, que votre nation eft accoutumée à ne rien payer à la répuplique, & que fa fortune aura beaucoup fouffert par la guerre à la fois étrangere & domeftique qu'elle fupporte. Votre petite nobleffe eft avare par néceffité ; & vos grands feigneurs, que le luxe, leur négligence & leurs valets appauvriffent, ont trop de befoins pour onger à ceux de l'état. D'ailleurs la prudence ne vous fait-elle pas une loi d'assujettir à une bonne discipline les anciennes troupes, avant d'en créer de nouvelles ? Celles que vous leveriez aujourd'hui se modeleroient sur les anciennes. Elles en prendroient le génie & les vices ; & il seroit d'autant plus difficile dans la suite de corriger ces milices, qu'elles seroient plus nombreuses. Il sera au contraire plus aisé de mettre sur un bon pied les anciens corps ; & ceux qu'on levera dans des circonstances plus favorables, se conformeront sans peine à la discipline qu'ils trouveront établie.

Les troupes sont aujourd'hui aussi mal gouvernées en Pologne qu'elles l'étoient il y a trois siecles dans toute l'Europe. Les princes de Nassau en Hollande & les rois de Suede, dont la réputation durera éternellement, ont rétabli l'art militaire parmi les modernes. On a profité de leur exemple ; & tandis que toutes les nations ont commencé à discipliner leurs soldats à faire la guerre avec cette méthode savante qu'on admire chez les anciens, la Pologne seule n'est point sortie de son ancienne barbarie. Ce sera beaucoup, monsieur le

comte, si les réformateurs peuvent faire
agréer des loix favorables à la discipline ;
mais quand cette discipline vous égaleroit
aux troupes Prussiennes, ne croyez pas
que ce soit là le plus haut terme de perfection où vous deviez aspirer. Le roi de
Prusse a fait tout ce que peut faire un roi ;
& votre république une fois bien consti-
tuée, doit faire tout ce que peut faire une
république. Chez les peuples qui ne sont
pas libres, les soldats n'auront jamais ce
courage patriotique qu'on trouve chez les
Grecs & chez les Romains , & toujours
égal dans les différens besoins & les différentes extrêmités de la guerre. Des hommes arrachés de leurs maisons, ou ramassés
au hasard dans la lie du peuple, ne font la
guerre qu'à regret, ou ne portent les armes que parce qu'ils ne sont bons à rien ;
quel intérêt peuvent-ils donc prendre à la
chose publique ? C'est cependant cet intérêt qui éleve l'ame ; & sans une ame
élevée , dans quelque condition que l'on
soit, & malgré tous les soins de la politique , on n'est jamais qu'un homme médiocre.

C'est une maladie des plus fâcheuses de
l'Europe , que ces grandes armées que les

états ont la manie d'entretenir pour se
faire craindre, & qui leur donnant une
vanité ridicule ou une ambition puérile,
ne servent qu'à les affoiblir & les embar-
rasser. On diroit qu'on veut suppléer par
le nombre aux qualités militaires ; mais
l'histoire n'est-elle pas pleine de grandes
armées qui ont été dissipées par une poi-
gnée de Grecs, de Macédoniens, ou de
Romains ? Cinquante mille soldats bien
disciplinés suffiront à la sûreté de la Pologne, & lui coûteront peu. Deux cents
mille hommes, tels que tout le monde en
connoît, seront fort chers, & la défen-
dront mal. Il est fâcheux pour moi, monsieur le comte, de rappeller des choses
désobligeantes que quelques-uns de vos
compatriotes m'ont laissé entrevoir. Je ne
veux rien croire : cependant s'il étoit vrai
que dans le moment présent la Pologne
n'eût pas un seul homme de guerre en état
de vous former une armée, les réformateurs ne devroient-ils pas proposer à la
diete d'attacher à son service quelques officiers étrangers de réputation ? Si vous
voulez établir vous-mêmes votre discipline
militaire, vous ne ferez que des progrès
très-lents, parce qu'il faudra réparer les

fautes de votre inexpérience, & qu'en les
réparant vous en ferez peut-être encore de
nouvelles. Je defirerois que dès l'inftant
de la réforme toutes vos troupes fuffent
nationales ; mais fi c'eft une chofe impoffible, ne confiez point votre falut & votre fûreté à cette canaille de déferteurs &
de vagabonds qui n'ont point de patrie,
incapables de difcipline, & qui fe vendent indifféremment à tout le monde. Il
me femble que, pour compléter le nombre des troupes que la république eft en
ufage d'entretenir, vous pourriez traiter
avec les Suiffes. Ce font les hommes de
l'Europe les plus fufceptibles d'une bonne
difcipline ; il eft de l'intérêt de leurs magiftrats de fervir une nation libre, d'où
les officiers & les foldats ne rapporte-
roient pas dans leurs cantons des vices
qui corrompent ou du moins alterent les
mœurs convenables au gouvernement
Helvétique.

Si les Polonois veulent être véritablement libres chez eux, & défendre leur
liberté contre les entreprifes des ennemis
domeftiques & contre les injures des
étrangers, ils doivent former une nation
militaire. Je fuis intimement perfuadé que

malgré les établissemens les plus sages
pour affermir l'empire des loix & s'opposer à la naissance du pouvoir arbitraire,
un peuple finira toujours par être esclave,
si chaque citoyen ne se croit pas destiné à
être soldat. On sait quel a été le sort de
toutes ces nations lâches, paresseuses ou
inconsidérées, qui pour se débarrasser des
fatigues ou des périls de la guerre, ont
confié à des mercenaires le soin de les défendre. Ces soldats ont abusé de leurs armes & de leur force, ils n'ont reconnu
que la puissance exécutrice à qui il en a
fallu abandonner la direction, & ils sont
devenus des oppresseurs, ou plutôt les
instrumens de l'oppression. Quand les
Romains ne furent plus en quelque sorte
que des mercenaires, ils firent des Ma-
rius, des Sylla, des César & des Pom-
pée. Au lieu de l'ordre militaire qui regne en Suisse, supposez des corps toujours subsistans de soldats mercenaires, &
vous en verrez fuir la liberté, le calme &
le bonheur.

La Pologne jouit déjà à moitié du bien
que je desire, puisque la noblesse qui
forme seule le corps de la nation ou de la
république, regarde les armes comme sa

profession , & se croit obligée de monter
à cheval & de faire la guerre quand elle
est commandée. Pour le dire en passant ,
c'est peut-être ce génie militaire qui a le
plus contribué aux progrès de votre anarchie , parce qu'il n'étoit soumis à aucune
regle certaine ; mais c'est lui aussi qui a
contribué plus que tout le reste à vous
soutenir contre tous les vices de cette
même anarchie. Dans le moment de la
réforme , il faut donc se garder avec un
soin extrême de porter quelque réglement qui par des immunités , des franchises ou des privileges particuliers , ten-
droit à séparer les fonctions civiles des
fonctions militaires , & faire oublier que
tout Polonois doit être soldat. Il est aisé
de ne tomber à cet égard dans aucune
erreur ; mais , je l'avoue , rien ne me paroît plus difficile que de tirer parti de ce
génie militaire pour assurer le bonheur de
la république.

Pleins de leurs anciens préjugés , les
gentilshommes croiront vraisemblablement qu'on attaque l'indépendance & la
liberté dont ils sont si jaloux , si l'on tente
de les discipliner , & de soumettre le
service militaire à des regles constantes.

Vos

Vos gens de qualité , m'a-t-on dit , ont
des *compagnies nobles* qu'ils n'ont jamais
vues. Ils ont ces compagnies , parce que
c'est une distinction ; mais le commandement en est abandonné à quelque subalterne qui n'a aucune autorité. On se croit
militaire parce qu'on a un brevet inutile
dans sa poche & un uniforme sur le corps.
Peut-être a-t-on vu quelquefois des grands
généraux de Pologne & de Lithuanie , qui
ne s'étant jamais trouvés dans une armée ni
dans un camp de paix, auroient été embar-
rassés à conduire cinquante hommes. C'est
ici qu'on a besoin d'une politique extrêmement habile à manier les esprits. On ne
peut se prescrire d'avance aucune méthode ; car qui peut prévoir quelle sera préci-
sément la nature des circonstances où l'on
se trouvera ? Dans les grandes révolutions , les hommes paroissent quelquefois
perdre leur caractere ; je ne sais quel enthousiasme s'empare des esprits : mais on
se trompe si on le croit durable , & on
l'éteint , si au lieu de le ménager on veut
l'augmenter. Peut-être qu'il est alors plus
utile d'agir par insinuation que d'ordonner
en législateur. On seroit bien avancé , si
l'on pouvoit persuader à quelques grands

seigneurs qu'il est ridicule de faire un métier qu'on ne veut pas apprendre, & les
engager à faire un service régulier.

Mais quand le nouveau gouvernement
aura acquis une certaine autorité ; quand
en se familiarisant avec l'empire des loix,
on aura appris à penser avec plus de justesse & d'élevation ; pourquoi cette fiere
noblesse ne se feroit - elle pas un point
d'honneur d'obéir à cette même discipline
qui l'effraie aujourd'hui ? En imaginant
quelques distinctions flatteuses pour les
gentilshommes qui se distingueroient dans
leur palatinat par leur application aux
exercices militaires, ou qui feroient quelques campagnes en qualité de volontaires
dans des guerres étrangeres, pourquoi
ne feroit-on pas naître un nouveau génie
dans la nation ? Les récompenses de la
république, qui appartiennent aujourd'hui
aux intrigans, ou dont on fait un commerce scandaleux ; pourquoi la diete ne
les fera-t-elle pas donner aux militaires
les plus distingués ? Les palatinats sont
pleins de dignitaires qui n'ont que des titres sans fonctions ; & il seroit sans doute
très-avantageux d'anoblir leurs charges
par quelques devoirs ou quelqu'inspection

militaire. Les palatins & les castellans sont les capitaines de leur palatinat & de leur castellanie : ils négligent aujourd'hui cette partie importante de leur administration ; & dans le nouveau système du gouvernement, rien n'est plus aisé que de les corriger de cette négligence, & de les obliger à rassembler tous les ans la noblesse de leur palatinat pour la passer en revue & l'accoutumer à la discipline & à la subordination militaire.

Enfin le tems viendra peut - être, où l'on pourroit ordonner qu'un gentilhomme ne seroit susceptible des honneurs, des dignités, des charges & des récompenses de la république, qu'après avoir servi un certain nombre d'années. Les Romains ont eu autrefois cette loi, & un établissement qui leur a été si utile ne le seroit pas moins aux Polonois. J'ajoute même que c'est alors que votre république sera solidement affermie, ne craindra plus les passions ennemies de votre liberté, & se fera respecter des étrangers. Dès que les circonstances le permettront, hâtez-vous d'ordonner par une loi solemnelle que la noblesse de chaque palatinat & de chaque district, inscrite dans le rôle militaire, s'affemblera tous les ans pendant un ou deux mois, & fous les ordres de fes officiers fe façonnera à tous les exercices & à toutes les manœuvres de la guerre. Ces compagnies répandues fur toutes les terres de la république, formeroient enfin une cavalerie invincible dans vos plaines.

Vous avez eu la bonté, monfieur le comte, de me communiquer vos vues au fujet d'un corps de trente ou quarante mille hommes d'infanterie qu'il feroit aifé de former en demandant à chaque village un foldat pris dans le nombre de fes habitans, & qu'il entretiendroit à fes dépens. Votre projet eft digne d'un citoyen qui aime fa patrie & éclairé par la plus fage politique. Hâtez-vous de communiquer votre idée à vos collegues. Ce projet peut être mis à exécution dans le moment même de la réforme. Il ne bleffe en rien les préjugés de la nobleffe, & vos voifins le verront exécuter fans inquiétude. Vous ne montrerez par cet établiffement qu'une milice deftinée à entretenir la fûreté publique, faire refpecter les loix & prêter main-forte à la juftice contre les brigands & contre les rebelles qui re-

fuferont de fe foumettre à fes jugemens.
Mais dans le fond vous formerez une infanterie nationale , dont il fera facile de
raffembler les différentes brigades répandues dans vos palatinats , & qui s'étant
exercée pendant la paix , fera capable en
tems de guerre de fervir utilement la patrie. Cette milice n'eft qu'un mal dans
plufieurs pays , parce qu'elle n'eft qu'une
corvée qui nuit à l'agriculture , & rend
les foldats plus malheureux. En Pologne
elle peut fervir au contraire à rendre
plus douce la fervitude de vos ferfs &
à donner même une forte de confidération à cette claffe d'hommes abrutis &
malheureux. Après vingt ans de fervice,
pourquoi n'accorderoit-on pas à ces foldats la liberté civile & les terres néceffaires à la fubfiftance d'une famille ? Vous
verriez fe former dans votre république
des payfans libres , & l'efpérance de la
liberté retireroit les autres de cette ftupi-
dité dans laquelle ils languiffent , & qui
les empêche de prendre le moindre intérêt au fort de la république.

Je vois avec chagrin un vice énorme
dans votre conftitution. Je veux parler de
ces efpeces de fouverainetés que fe font

faites quelques feigneurs. Ils ont des for-
tereffes, & y tiennent une garnifon qui
ne dépend que d'eux. Vos loix ont to-
léré cet abus, ou parce qu'elles ne pouvoient le réprimer, ou parce que vous
avez regardé ces châteaux & ces foldats
des particuliers comme des forces qui ne
coûtoient rien à la république, & dont
elle pourroit cependant fe fervir dans le
befoin. Mais la fociété eft menacée des
plus grands dangers, quand un citoyen
eft affez fort par lui - même pour ne pas
craindre la loi. L'ordre des chofes eft ren-
verfé, la puiffance publique eft diffoute,
& tout eft perdu, dès que le citoyen
que la république doit défendre s'eft
rendu affez puiffant pour la protéger. J'a-
voue que dans le moment de la réforme
je ne vois aucun remede à ce mal. Quels
cris, quelles plaintes, ou plutôt quel fou-
levement n'exciteriez - vous pas ? Si les
réformateurs ne font pas plus habiles que
moi, ils doivent prudemment fermer les
yeux & feindre de ne rien voir.

Efpérez que dans le redoublement de
zele, d'amour de la patrie & d'amour de la
liberté qu'infpirera un nouveau gouvernement, la république n'éprouvera pendant

quelque tems aucune disgrace de la part de ces citoyens souverains ; leur vanité craindra de blesser l'opinion publique, elle sera contenue. Mais que l'avenir vous inquiete. Cette vanité ne disparoîtra point, tant qu'elle sera nourrie par l'appareil de la force & de la grandeur. Songez à ce qu'osent les passions, quand elles peuvent se promettre l'impunité. S'il arrive enfin des circonstances qui permetrent de réprimer cet abus, ne perdez pas un moment & courez au remede : tâchez même de hâter ces circonstances. Après que l'anarchie aura fait place à un bon gouvernement, on peut se flatter que ces grands s'appercevront qu'ils ont moins besoin d'être puissans par leurs propres forces, soit pour se défendre contre leurs ennemis, soit pour jouir d'un plus grand crédit. Leur vanité s'apprivoisera, & ils seront moins attachés à des troupes qui leur seront inutiles, & qui leur coûtent beaucoup.

C'est un grand mal que la noblesse de Pologne mette au rang de ses privileges les plus précieux de ne servir qu'un certain nombre de jours. Je pardonne cette barbarie à nos anciens François, chez qui le gouvernement féodal avoit détruit toute idée de bien public. Que des vaſſaux qui, malgré la foi & l'hommage, avoient tant de motifs de haïr leurs ſuzerains, ne les ſerviſſent qu'à regret, & diſputaſſent ſur le nombre de jours qu'ils leur devoient ; je n'en ſuis point étonné. Mais les Polonois n'ont jamais connu nos loix ni nos coutumes féodales. Leur république n'eſt qu'une aſſociation des poſſeſſeurs des terres ; un intérêt commun a dû toujours les réunir : chacun en particulier a dû ſentir combien il lui importoit de repouſſer des domaines de la république un ennemi étranger qui veut les envahir. Dans cette ſituation, compter les jours de ſon ſervice, c'eſt trahir ſes propres intérêts. En ne défendant pas la cauſe publique, j'abandonne le ſoin de ma fortune particuliere, parce que j'affoiblis la puiſſance qui doit me protéger, & que je n'ai formée que dans la vue de me défendre & de me maintenir dans mes poſſeſſions. Je ſerois tenté de rechercher par quel caprice, quel jeu, quelle erreur des paſſions, les Polonois ont été conduits à des préjugés que naturellement ils devoient toujours ignorer ; mais cette diſ-

cuffion m'entraîneroit trop loin, & d'ailleurs, monfieur le comte, l'avenir doit
bien plus vous occuper que le paffé.

Je voudrois donc que la nobleffe Polonoife connût affez fes intérêts pour ne
jamais marchander & calculer avec la patrie, & crût au contraire lui devoir tous
les fervices dont elle a befoin. Ce n'eft
point en ordonnant brutalement de fe dé-
vouer à la patrie que vous ferez des citoyens zélés. Votre loi révoltante n'étouf-
fera point dans les cœurs cet amour de
nous - mêmes, qui ne confulte que fes
propres intérêts. Soyez perfuadé que cet
amour-propre eft immortel; mais fongez
qu'on peut le diriger & l'ennoblir à tel
point qu'il produira des Cyrus & des
Décius. Une patrie qui fait fe faire aimer,
produit des héros. Que toutes vos loix
tendent donc à cette fin. Cependant je
regarde comme un bien que vos gentilshommes exigent une folde quand ils portent leurs armes dans des provinces étrangeres. Il faut tâcher d'affocier cette maniere de penfer avec l'amour de la patrie,
que vous tâcherez d'infpirer. Elle empêchera que la république ne s'abandonne à
l'ambition de faire des conquêtes. Rien

n'eſt plus avantageux pour un peuple guerrier que de ſe garantir de cette paſſion ſi propre à ſéduire notre orgueil, & qui ne manque jamais de rompre les reſſorts du plus ſage gouvernement, ſoit qu'elle échoue, ſoit qu'elle réuſſiſſe dans ſes entrepriſes.

Quelques-unes de vos frontieres touchent à des peuples qui ſe font un mérite de vivre de vol & de brigandage; & ſouvent ils font des incurſions ſur vos terres. N'y a-t-il point d'autre moyen de ſe préſerver de ces ravages, qu'en tenant une armée dans les provinces qui y ſont expoſées? Si les payſans de ces contrées étoient des hommes libres, s'ils défendoient leurs biens, il ne ſeroit peut-être pas impoſſible d'établir parmi eux un tel ordre & une telle diſcipline, en les ſoutenant par la garniſon de quelque château, qu'ils ſe fiſſent craindre des brigands qu'ils redoutent. La Pologne eſt punie de la faute qu'elle a faite de violer les droits de la nature, en ne traitant pas en hommes les payſans qui cultivent ſes terres; elle ne jouit pas de leurs forces, & peut-être doit-elle les regarder comme des ennemis. L'eſſai heureux que vous feriez dans ces provinces , vous éclaireroit fur l'intérieur de la république , & en faifant des hommes libres elle acquerroit des défenfeurs.

La diete générale aura feule le droit de déclarer la guerre , & de juger des circonftances où il faudra remplir les engagemens d'une alliance défenfive. L'Europe n'eft pleine que de puiffances inquietes & ambitieufes qui ne peuvent refter en repos ; mais étant de l'intérêt de la république de fe borner à fa propre confervation , elle doit s'accoutumer à fe peu mêler des affaires des étrangers , & fe borner à l'alliance de fes amis naturels , c'eftà-dire , des puiffances qui doivent la défendre , & qu'elle peut à fon tour fervir par des diverfions. Les grandes puiffances , difent les politiques , doivent toujours paroître à la tête des affaires qui troublent l'Europe ; pour moi je croirois que c'eft le moyen le plus fûr pour les affoiblir & les ruiner. Il en a coûté cher aux Provinces-Unies pour avoir voulu faire un rôle confidérable dans les guerres de leurs voifins. Je ne fais même fi l'Angleterre , fi heureufement placée pour être heureufe , ne commence pas à fe repentir de fon ambition ; elle a acheté bien

K vj

chérement le titre frivole de protectrice
de l'équilibre. Si la guerre est heureuse,
elle corrompt ; si elle est malheureuse,
elle avilit. Je defirerois donc qu'une loi
folemnelle ordonnât aux Polonois d'examiner férieufement après chaque guerre, fi la néceffité des circonftances, les
reffources extraordinaires auxquelles on
aura peut-être été obligé de recourir,
la profpérité, en un mot, ou le malheur
n'ont point altéré les principes du gouvernement & de la liberté. La premiere
diete qui fuccédera à la paix, doit être
occupée de ce foin. Elle doit nommer
alors des magiftrats extraordinaires & les
revêtir d'un pouvoir extraordinaire & néceffaire pour raffermir les loix ébranlées
& corriger les abus qui annonceroient
une décadence.

CHAPITRE XIV.

Du département du grand-tréforier, ou du confeil de finance.

QUELLES que puiſſent être les diſpoſitions des Polonois pour la réforme de leur gouvernement, je ne ſais s'il ſeroit ſage, quand on la fera, d'établir les nouveaux impôts dont la république peut avoir beſoin pour conſolider ſes opérations. Je l'ai déjà dit bien des fois, il faut ne laiſſer aucun prétexte de ſe plaindre : tout le monde, au contraire, doit ſe trouver plus à ſon aiſe par l'établiſſement des nouvelles loix. Votre gouvernement donnera inutilement les plus belles eſpérances, quand on ſe verra condamné à payer de nouvelles contributions. A moins qu'en Pologne on n'aime moins l'argent que dans le reſte de l'Europe, ce qui ne me paroît guere vraiſemblable, après ce qu'on m'a dit de vos mœurs domeſtiques, ſoyez perſuadé qu'on ſe plaindra, on murmurera, & il n'en faut pas davantage pour oppofer aux réformateurs des obftacles infurmontables, & vous laiffer dans votre anarchie. Je voudrois qu'on' fe perfuadât que l'état n'a plus befoin d'argent. Chimere ! me direz-vous ; & j'en conviendrai, fi les grands qui font à la tête de la nation font incapables de tout facrifice. Mais s'ils étoient affez généreux pour ne pas demander des falaires, s'ils pouffoient la générofité jufqu'à oublier leur fortune domeftique & s'occuper du bien public, ils auroient des imitateurs. L'avarice donneroit par vanité ce que les loix tenteroient inutilement de lui arracher ; car l'exemple plus fort que les loix nous entraîne malgré nous. Me direz-vous encore que ce que je demande eft impraticable & ne fuffiroit point aux befoins nouveaux de la république ? Je vous répondrai toujours fur le même ton. Attendez, pour lever des impôts, que le public les juge indifpenfables, & que le bonheur dont il commencera à jouir lui perfuade qu'il n'achetera pas trop chérement celui qu'on lui promet. Ce ne fera pas alors le législateur qui levera des contributions, ce fera le citoyen qui les offrira, parce qu'il en fentira la néceffité.

Vous avez eu la bonté , monsieur le comte, de me faire part de différens projets qu'on a imaginés pour augmenter les revenus de la république. Tantôt il est question d'unir les starosties au trésor public qui les affermeroit ; tantôt on veut les joindre à différentes magistratures & à différentes dignités pour tenir lieu des appointemens ou des gages que leur donne l'état. On propose encore de les vendre au profit de la république , & on se flatte de tirer de cette vente des sommes considérables & d'établir un revenu fixe , en soumettant ces terres starostales à une redevance annuelle. Permettez-moi de faire quelques réflexions sur ces différens projets.

Les deux premiers systêmes entraîne-roient à leur suite les plus grands abus. Qui ne voit pas que les terres des starosties, données à ferme par l'état, ne produiroient pas la moitié de ce qu'elles doivent produire ? Si c'est la diete générale que vous chargez de l'adjudication de ces domaines , vous jeterez dans cette assemblée une pomme de discorde ; & cependant vous ne sauriez trop vous appliquer à y concilier les esprits. Qui vous répondra que les nonces déguisés sous des noms empruntés, ne seront pas en effet les fermiers de la république ? Pour établir cet abus, à combien de faussetés & d'intrigues n'aura-t-on pas recours ? Quand une fois il sera établi, ce qui ne tardera pas, ne prévoyez-vous pas que ce grand intérêt des fermes de la république sera l'ame de toutes vos dietes ? A quelles loix salutaires pourrez-vous donc vous attendre ? Supposez que le conseil des finances fasse cette opération ; alors je prendrai la liberté de vous dire que vous y établissez la corruption. Si vous ne croyez pas les Polonois tout différens des autres peuples, ce conseil aura ses protégés, & on leur sacrifiera l'état ; car il n'est pas possible que des hommes puissans n'aient pas des amis, & dans les circonstances présentes il seroit trop dur & trop farouche de leur défendre de les préférer. Si vous ne connoissez pas encore ce que nous appellons vulgairement une *paragointe*, un *pot-de-vin*, vous ne tarderez pas à faire cette belle découverte, & je vous laisse à penser ce que vous devez en attendre.

Le second arrangement ne vaut pas mieux que le premier. J'ai eu souvent

ll'honneur, monsieur le comte, de vous
rentendre dire qu'en attachant des starosties
aux places les plus importantes de la république, on s'écarteroit de la maxime
constante de vos peres, qui n'ont jamais
voulu que les grands chargés de quelqu'administration vendissent leurs services & fussent traités comme des mercenaires. On attendoit, pour les récompenser par le don de quelque starostie,
que vous appellez *le pain des bien méri-
tans*, qu'ils eussent donné des preuves
de leur zele, de leur fidélité & de leurs
talens. Certainement cette maniere de
récompenser est puisée dans les regles de
la plus sage politique, & les réformateurs
doivent faire tous leurs efforts pour la
conserver précieusement. Si l'on voit au
contraire que vos nouveaux ministres &
vos sénateurs soient payés de leurs soins
par des starosties, les esprits seront révoltés. On croira que la réforme n'est qu'un
prétexte honnête, dont quelques hommes
puissans se servent pour couvrir le dessein
odieux de s'emparer de la fortune publique. On ne considérera bientôt dans les
places que les émolumens qui y sont
attachés. Il suffira d'être avare pour s'en

croire digne, & on s'en ouvrira le chemin
par des intrigues.

Je trouve de grands inconvéniens dans
le troisieme systême. Vous ne vendrez
point les starosties, sans refroidir le zele
de vos bons citoyens, qui sont accoutumés à les regarder comme les récompenses de leurs services. Dans le siecle où
nous vivons, il ne faut pas s'attendre à
trouver des Fabricius. En partant du point
où vous êtes, je n'ose pas même me flatter que, quelque parfaites que soient un
jour vos loix, elles puissent jamais inspirer un amour assez vif de la liberté pour
produire encore de ces grands hommes.
Il n'est que trop vraisemblable que les
Polonois aujourd'hui ne prendroient aucun intérêt à l'établissement d'un gouvernement qui n'auroit aucune grace pécu-
niaire à donner : la diete dont il est si important d'augmenter la considération, ne
jouira que d'un crédit médiocre ; & la
puissance législative qu'elle exercera, sera
donc peu respectée. Les idées d'anarchie
à peine oubliées ne reprendront-elles pas
leur premiere force ? Comment le nouveau gouvernement parviendroit-il donc
à s'affermir ? Comment même réussiriez-

vous à l'établir ? Je croirois qu'il est indispensable dans ces commencemens de réforme, de laisser subsister toutes les anciennes récompenses, & même d'en imaginer de nouvelles, s'il est possible, afin
de multiplier les espérances, & d'attacher
les citoyens à une diete qui sera devenue
le canal des graces & des récompenses.
Prenez-y garde, la politique qui vous ordonne d'avoir toujours devant les yeux
le modele idéal de la perfection, vous
ordonne également de vous prêter avec
condescendance aux foiblesses de l'humanité. Vous aurez fait tout ce que vous
devez faire, quand vous aurez mis votre
patrie sur la route du bonheur, & écarté
avec soin tout ce qui pourroit l'inviter à
l'abandonner.

Un jour viendra peut-être, monsieur
le comte, & je l'espere, où ce projet de
la vente des starosties pourra être exécuté
sans danger. C'est quand le tems aura
effacé peu à peu les traces & les habitudes
de votre gouvernement actuel. Lorsque
les loix inspireront plus d'amour & de
respect que de crainte ; lorsqu'un nouvel
esprit animera la république ; alors, selon
le besoin des circonstances & pour faire

quelques établiſſemens néceſſaires ſans
mettre la généroſité des Polonois à une
trop forte épreuve, il ſera permis de propoſer la vente ou l’aliénation de quelques
ſtaroſties. Je ne voudrois pas même alors
qu’on aliénât à la fois tous les *bénéfices*
de la république. Je craindrois que la
commotion ne fût trop grande, ou que
dans une affaire de cette importance les
perſonnes chargées de l’adminiſtrer ne
fuſſent expoſées à des tentations plus fortes que leur vertu. Il eſt du moins certain
qu’en maniant de grandes richeſſes, on
ſe conduiroit avec moins d’économie ;
car le propre de l’abondance eſt de rendre
moins attentif. Qu’on n’ait point une impatience imprudente ; on doit être perſuadé
qu’on n’aura pas plus tôt vendu quelques
ſtaroſties, dont le produit ſera fidélement employé à des établiſſemens utiles,
que cette reſſource paroîtra trop facile &
trop commode pour ne pas y avoir recours dans les beſoins de la république.

Mais, me dira-t-on, en attendant ce
moment deſiré, que fera la république
qui a des beſoins, qui manque de fonds ?
Je répondrai : qu’elle apprenne patiemment à s’en paſſer. La néceſſité eſt un

grand maître, elle ouvre des reſſources inconnues. Par une ſuite de votre ſituation préſente, vous êtes condamnés à faire encore pendant long-tems des fautes; & votre conduite ſera très - ſage, quand vous prendrez le parti qui aura le moins d'inconvéniens. Si votre république naiſſante ne ſait agir qu'en répandant de l'argent, elle ſera bientôt épuiſée. N'avez-vous pas remarqué que ce qu'on appelle le crédit public, & que la politique regarde comme un grand bien, a toujours multiplié les beſoins de l'état, rendu les paſſions plus imprudentes, & jeté le gouvernement dans la plus extrême foibleſſe ? J'aime aſſez qu'une nation qui ſe forme, ſoit expoſée à des épreuves fâcheuſes; elles éleveront ſon caractere, retarderont la décadence, fruit de nos loix imparfaites & groſſieres, & peutêtre la préviendront. Aux récompenſes pécunaires, à ces ſalaires que demandent les ames communes, que la Pologne ſubſtitue les récompenſes qui intéreſſent l'honneur & qui flattent l'amour de la gloire. Si cette politique un peu trop noble ne répondoit pas aſſez à vos eſpérances, on pourroit ſubvenir aux dépenſes les plus indispensables , en vendant quelques parties du domaine de la couronne. Ces terres doivent appartenir à la république , puisque le trésor public sera chargé , suivant les ordres de la diete générale , de payer au roi la somme que vous croirez nécessaire pour l'entretien de sa maison. Cette aliénation me paroît nécessaire pour ne pas exposer le gouvernement aux inconvéniens & aux tentations dont je viens de parler au sujet des starosties ; & elle suffira pour récompenser la petite noblesse qui aura montré du zele , & attirer chez vous les moyens dont vous avez besoin pour établir la discipline militaire dans vos troupes , & les colleges destinés à l'éducation de la jeunesse.

Enfin , monsieur le comte , s'il est absolument nécessaire de lever quelque nouvel impôt , on pourroit avoir recours au projet du papier timbré, dont vous m'avez fait l'honneur de me parler , & établir quelques droits sur la consommation des villes. La noblesse possede toutes les terres , & la contribution que je propose l'alarmeroit infiniment moins qu'un impôt territorial. Les Polonois seront trop heureux, si l'embarras de pourvoir à leurs besoins, accoutume le gouvernement à la plus grande économie. La loi doit donc ordonner au grand-tréforier ou à fon conseil de moins s'appliquer à l'art d'améliorer les finances qu'à celui de s'en paſſer. Qu'on voie dans l'hiſtoire ce que des nations pauvres ont fait de grand, qu'on examine ſi les nations qui ont regardé l'argent comme le nerf de la guerre n'ont pas été foibles, languiſſantes & malheureuſes. On tirera de cette étude des lumieres bien favorables à la doctrine bizarre que je préſente. En un mot, ſi l'on ne s'étudie pas à faire beaucoup de choſes avec peu d'argent, il eſt démontré qu'avec beaucoup d'argent on ne fera bientôt que peu de choſes, ou rien.

La perception des deniers publics doit ſe faire de la maniere la plus ſimple & ſans le ſecours des traitans, qui de la finance qui ne doit être qu'une manutention économique & fidelle, en feroient bientôt un art difficile & myſtérieux, où eux ſeuls comprendroient quelque choſe. Ils ne manqueroient pas de profiter de l'ignorance publique pour tromper les citoyens, & en augmentant les beſoins du gouvernement, ils ſe rendroient les maîtres de ſes opérations. Je crois qu'un état est bien à plaindre, quand on est obligé de regarder les financiers comme ses colonnes. Un ministre dont la mémoire nous est chere & précieuse, leur a donné ces titres, comme Cicéron l'avoit donné autrefois aux fermiers de la république Romaine. Je me souviens qu'on blâma beaucoup cette expression ; elle est juste cependant, elle rendoit avec exactitude une vérité qui n'étoit malheureusement que trop vraie ; & nous ne devions blâmer que les ministres précédens, dont l'administration imprudente avoit donné aux financiers un pouvoir & un crédit dont il n'étoit plus possible de se débarrasser. La Pologne n'évitera cet écueil qu'en travaillant sans cesse à diminuer ses besoins, & en se faisant une loi de ne jamais faire d'entreprises au-dessus de ses forces.

Il seroit heureux qu'après avoir demandé la somme nécessaire à la république, on pût régler d'une maniere fixe ce que chaque palatinat en paieroit proportionnément à ses richesses. Il faut laisser aux diétines postcomitiales la liberté d'établir dans leur ressort la perception que chacune d'elles jugera la moins onéreuse. Le trésorier particulier de chaque

palatinat

palatinat rendra compte à la diétine
de fa geftion, & fera paffer tous les fix
mois le contingent ou la contribution de
fon palatinat dans les coffres du grand
tréforier ou du confeil de finance, qui
fera lui-même obligé de rendre compte
au fénat & à la diete générale des fommes
qu'il aura reçues & de celles qu'il aura
payées, le tout fondé fur les reçus, quit-
tances & autres pieces juftificatives de
cette nature.

Les fommes furabondantes qui refte-
ront dans le tréfor, feront employées fur-
le-champ par ordre de la diete à conftruire
des ouvrages publics, faire des établiffemens utiles dont la Pologne eft totalement
dépourvue, ou donner des gratifications
aux gentilshommes fans fortune qui auront bien mérité de la république, & aux
bourgeois qu'il faut aider à fortir de leur
ftupide mifere pour s'élever à une induftrie utile. Il ne doit pas être permis à
l'économie d'accumuler & d'entaffer les
épargnes, parce que ce tréfor ruineroit
infailliblement l'efprit d'économie qui
l'auroit formé. Je fais tout ce qu'on peut
dire contre la doctrine que j'expofe; mais
je fais auffi que la politique eft toujours

la dupe des paſſions qu'elle ménage. Un tréſor expoſeroit à de grandes tentations ceux qui en auroient l'adminiſtration ; ils ſuccomberoient, & pour cacher leurs fraudes envelopperoient de ténebres les affaires de la république. Si par haſard il étoit gardé par des mains pures, la Pologne auroit bientôt de l'ambition ; en faiſant des entrepriſes au-deſſus de ſes forces, ſes revenus ordinaires ne lui ſuffiroient plus ; elle feroit des emprunts, il faudroit établir un crédit public ; & ce crédit qu'on regarderoit comme un bien, ne tarderoit pas à vous faire tomber dans une extrême langueur, & d'autant plus fâcheuſe qu'on s'appercevroit trop tard des inconvéniens, pour pouvoir y remédier.

Aucun impôt nouveau ni aucune augmentation d'impôt ne pourront être établis ſans une loi de la diete générale. Toute augmentation ſera répartie proportionnellement à la premiere impoſition, c'eſt-à-dire, au marc la livre, entre tous les palatinats. Le ſénat ou le conſeil de finance ne paiera que les dépenſes qui intéreſſent la généralité ou le corps entier de l'état. Dans ce nombre il faut mettre la liſte civile du roi, ou les revenus qui lui ſeront attribués ; les ſommes né-

ceffaires pour fubvenir aux frais qu'exigent les différens confeils, & que fous
aucun prétexte on ne pourra augmenter
fans un ordre de la diete ; les appointemens donnés aux ambaffadeurs ou miniftres dans les cours étrangeres ; la paie
de l'armée ; les gratifications accordées
par la diete, foit à des particuliers, foit
à des palatinats ou diftricts qui auroient
éprouvé quelque malheur ; & enfin les
fommes que la diete aura deftinées à des
établiffemens nouveaux. Moins la généralité ou le corps entier de la république
demandera d'argent aux citoyens, plus
fon adminiftration fera parfaite. J'aurois
honte de répéter fi fouvent cette trivia-
lité, s'il ne paroiffoit pas que c'eft une
vérité prefque généralement inconnue
dans l'Europe. Je fouhaiterois qu'on mît
d'autant plus d'ordre dans la régie des
finances dont le fénat fera chargé, que
c'eft fur ce modele que les diétines & les
palatinats régleront l'adminiftration de
leurs finances particulieres : vous verrez
par-tout ou la même fageffe ou les mêmes
abus.

Outre la fomme que chaque diétine
levera pour la contribution qu'elle devra

à la république, il lui fera permis d'exiger les impôts particuliers qu'elle croira né-cessaires, soit pour payer les gages des commis employés à son service, soit pour faire ou réparer les chemins, construire des ponts, & faire des établissemens uti-les dans son ressort. Cette administration dont jouiront les provinces, y conservera l'image de l'indépendance dont elles font si jalouses, y développera les talens, & excitera entr'elles une émulation avanta-geuse. Quand il s'agira d'entreprendre des ouvrages auxquels plusieurs palatinats doivent s'intéresser, il leur fera libre de convenir entr'eux de la somme que cha-cun paiera, relativement à ses richesses, à son étendue & à l'utilité plus ou moins grande qu'il en retirera. Après les articles convenus de part & d'autre, s'il s'élevoit quelque contestation entre les diétines contractantes, elle fera portée à la diete générale qui jugera souverainement. Dans l'établissement des impôts, il fera défendu à chaque palatinat de rien ordonner qui puisse nuire aux intérêts, franchises & libertés des autres palatinats. Par exem-ple, il ne pourra établir aucune douane sur sa frontiere; un tel établissement gê-neroit le commerce de ses voisins. En

général le commerce ne peut être trop
libre dans l'intérieur de chaque état ; mais
les réformateurs doivent être d'autant plus
attentifs à empêcher qu'on n'y mette des
entraves, qu'il est question de former
parmi vous le commerce, & que vos
compatriotes, si on ne m'a pas trompé,
toujours dupes des Juifs & des étrangers,
n'ont pas à cet égard la moindre idée. Les
contestations nées à ce sujet entre différens palatinats seront également jugées
par la diete générale.

Ce mémoire devient bien long, monsieur le comte ; cependant je ne puis me
dispenser de placer encore ici quelques
réflexions. Je crains que les établissemens
que j'ai proposés ne soient pas adoptés,
ou qu'après l'avoir été, ils ne subsistent
pas long-tems, si les réformateurs ne
prennent pas dans tous les détails de leur
politique les précautions les plus sages
pour donner un nouvel esprit à leur patrie. Vos loix anciennes ont voulu établir
une égalité parfaite entre tous les gentilshommes ; ils s'appellent freres, leurs
droits sont égaux ; c'est à la charge dont
un gentilhomme est revêtu, & non à
sa naissance plus ou moins illustrée, plus

ou moins ancienne , qu'on doit des respects. Mais, il en faut convenir, vos mœurs vous ont prodigieusement éloignés de cette précieuse égalité. On ne peut se déguiser qu'il ne se soit formé parmi vous une grande & une petite noblesse. L'anarchie du gouvernement & la fortune trop considérable de quelques-unes de vos maisons ont fait parmi vous un ordre de seigneurs qui dans une république ont une trop haute idée de leur pouvoir personnel pour daigner avoir la simplicité & la modestie convenables à des républicains. Tout est parti & faction parmi eux ; & il est d'autant plus difficile de déraciner ces vices capitaux, que la Pologne est d'ailleurs remplie d'une noblesse indigente qui est entraînée par le mouvement que lui donnent les grands , & dont la bassesse, dit-on, & le penchant à la servitude ne sont pas moins contraires à la liberté que le despotisme même de vos seigneurs.

Je sens combien il est nécessaire de faire prendre un nouveau génie à la noblesse Polonoise , & tout ce que j'ai dit jusqu'ici tend à ce but ; mais je ne suis point assez instruit de vos mœurs familieres & domestiques , pour hasarder de

dire ce que les réformateurs doivent tenter. Il eſt vrai que les arrangemens nouveaux de la nouvelle conſtitution donneront un nouvel intérêt aux Polonois ;
mais cela ſuffit-il pour bannir toute crainte
& s'abandonner à de grandes eſpérances ?
Dirai-je qu'heureuſement ou malheureu-
ſement une étude trop ſérieuſe des révolutions qu'ont éprouvées les peuples,
m'a appris que rien n'eſt plus rare ni
plus difficile que la réforme des nations ?
Que j'acheterois chérement cette ſottiſe
avec laquelle j'entends tous les jours dé-
raiſonner ſur cette matiere , & qui croit
toujours ſaiſir le bien qui fuit à grands pas
devant elle ! Tout le monde ne devroit-il
pas ſavoir que le caractere qu'une nation
tient de ſes anciennes loix & de ſes anciens uſages , lutte encore pendant long-
tems contre les nouveautés que la politique lui a fait adopter ? Nos anciennes habitudes ont & doivent avoir une force
prodigieuſe ſur notre eſprit : vous les
croirez détruites , & elles ne ſont que
cachées & déguiſées. Dans ce combat
perpétuel des anciens préjugés & des loix
nouvelles, la victoire ne ſera point incertaine , ſi la politique ſavante & pro-

L iv

fonde des réformateurs n'emploie pas
affidument, conftamment & fans diftrac-
tion tous les moyens poffibles pour réprimer & contenir les vices que de trop
grandes richeffes & un trop grand pouvoir d'une part, & de l'autre une trop
grande pauvreté & une certaine baffeffe
donnent à la nobleffe ou trop élevée ou
trop dégradée.

Mais, en fuppofant qu'il fe faffe une
heureufe révolution dans les mœurs Polonoifes, je craindrois encore, monfieur le comte, que votre république ne
languît dans une foibleffe extrême, ou
du moins ne fût pas tirer parti de fes
forces, tant qu'elle ne voudra compo-
fer qu'une république de gentilshommes.
Voyez, je vous prie, dans quel anéan-
tiffement votre nobleffe tient fes malheureux fujets. Ils ne prennent certainement
aucun intérêt ni à votre profpérité, ni à
vos adverfités ; & s'ils n'étoient pas abrutis par leur ignorance & le poids de leur
fervitude, ils feroient ouvertement vos
ennemis, & vous éprouveriez des guerres d'efclaves, que le défefpoir a rendu
quelquefois fi terribles. Votre nobleffe
réduite à fes propres forces, a beau régner fur un pays auffi vafte que l'Allema-

gne, elle ne formera point une puissance égale à un des cercles de l'Empire ; & cette vérité propre à vous effrayer, doit vous instruire de ce que doivent tenter les réformateurs. Qui ne voit pas que la noblesse sent le contre-coup du malheureux état où elle tient ses paysans ? On ne viole point impunément les loix de la nature. Que demande-t-on à cette noblesse ? De gouverner son patrimoine par les regles les plus propres à l'augmenter. La terre veut être cultivée par des mains libres. Que la Pologne regarde avec compassion des hommes qui voudroient la servir & la défendre, & les propriétaires des terres vèrront augmenter leurs richesses ; & leur dignité sera véritablement grande, parce qu'ils seront les chefs d'une république respectée.

Mais il ne suffit point d'établir parmi vous un ordre de paysans libres & qui aient quelques possessions, pour former un état puissant. Sans cette classe d'hommes précieux, connus ailleurs sous le nom de bourgeoisie ou de tiers-état, jamais vous ne connoîtrez aucune industrie, & vous manquerez même des arts les plus grossiers & les plus nécessaires. Ce n'est

en effet que dans cette claſſe intermé-
diaire que ſe développe le génie qu'une
fortune trop grande ou trop miſérable
étouffe dans les autres citoyens. Ne ſachant
pas employer les productions de vos terres , vous êtes pauvres au milieu de vos richeſſes , & vous dépendez également des
étrangers & de vos Juifs. Mais n'eſpérez
pas d'avoir un tiers-état parmi vous , tant
qu'une loi barbare ne permettra qu'aux
ſeuls gentilshommes de poſſéder des terres. Si vous voulez enfin avoir des bourgeois auſſi utiles que les vôtres ſont actuellement mépriſables & à charge à la
république , permettez-leur de ſe faire un
patrimoine parmi vous & d'acquérir des
poſſeſſions. Au lieu de ces étrangers qui
s'établiſſent aujourd'hui dans vos villes
pour vous preſſurer , profiter de votre
mauvaiſe politique & vous abandonner
avec dériſion quand leur fortune ſera faite,
vous verrez accourir des colonies d'é-
trangers qui , faiſant des établiſſemens du-
rables dans vos provinces , vous enrichi-
ront de leur induſtrie , & feront diſpa-
roître cette ſorte de ſolitude & de dévaſ-
tation dont la Pologne eſt affligée.

. Vous ne manquerez pas , monſieur le
comte , de me dire que vous êtes fort

étonné de la doctrine que je vous prêche ;
car vous êtes accoutumé à m'entendre
blâmer le commerce, & souvent d'une
maniere assez dure. J'aurai l'honneur de
vous répondre que le commerce est nécessaire à tous les peuples qui ne sont pas
sauvages & qui veulent sortir de leur barbarie. Je le louerai lorsque sans faste & sans
luxe il sert des besoins simples & n'irrite
pas nos passions. Le commerce qui a besoin d'être encouragé pour parvenir jusqu'à un certain terme qui est louable,
veut être arrêté dans ses progrès, dès
que, passant ce terme, il n'est propre qu'à
relâcher les liens de la société par la corruption qu'il introduit dans les mœurs.
Si on ne l'arrête pas alors, tous ses progrès deviendront de jour en jour des vices
plus grands, qui précipiteront la ruine de
l'état. Un jour viendra qu'il faudra vous
précautionner contre cette politique funeste qui pense qu'on ne peut trop favoriser & étendre le commerce ; mais aujourd'hui vous avez besoin de le faire naître parmi vous.

Les gentilshommes Polonois ne se-
roient-ils pas plus grands & plus heureux,
si des bourgeois, qui ne leur contesteront

jamais la prééminence, jouiſſoient d'une fortune honnête & ſolide ſous la protection des loix, & pouvoient, à la faveur de leurs poſſeſſions, regarder la Pologne comme leur patrie ? Ce n'eſt que par leurs ſecours que vous parviendrez à ſecouer le joug de vos Juifs, à qui vous devriez peut-être permettre de poſſéder des terres, pour les corriger de leurs uſures abominables. Tant que ce peuple errant n'aura pour fortune que ſon induſtrie, il ſera votre ennemi. Oui, monſieur le comte, il vous eſt pernicieux de condamner en quelque ſorte ces malheureux Juifs à vous tromper & à vous voler par ſubtilité. Voilà des idées qu'on ne peut pas prudemment laiſſer paroître dans le tems de la réforme ; mais elles ne doivent pas être ignorées des réformateurs, quand le gouvernement formé commencera à prendre une certaine conſiſtance. Inſtruiſez-les de ce qu'ils doivent faire. Invitez-les à profiter des circonſtances favorables qui ſe préſenteront, ou plutôt apprenez-leur à faire naître ces circonſtances.

Au château de Chantôme ce 31 août 1770.

D U

GOUVERNEMENT

E T D E S L O I X
DE LA POLOGNE.

A M. LE COMTE

WIELHORSKI.

SECONDE PARTIE.
OU ÉCLAIRCISSEMENS.

CHAPITRE PREMIER.

Objet de cette seconde partie. Objections proposées contre le mémoire précédent, & auxquelles il est inutile de répondre.

JE viens de lire, monsieur le comte, avec toute l'attention dont je suis capable, les différens écrits qui vous ont été

envoyés par les perfonnes à qui vous
avez communiqué le mémoire que vous
m'avez fait l'honneur de me demander
fur la réforme de votre gouvernement &
de vos loix ; & je me hâte de vous re-
mettre les éclairciffemens qu'on paroît
defirer, & qui diffiperont peut-être tous
les doutes qu'on m'oppofe. Je crois avoir
remarqué dans quelques-uns de ces écrits,
que l'auteur n'y confidere affez fouvent
le bien public que relativement à fes intérêts particuliers. On n'y juge des vices
& des défordres de la république, que
par le mal qu'on a fouffert dans fa perfonne ou dans fes freres. Que réfulte-t-il
de cette erreur qui n'eft que trop générale parmi les hommes ? C'eft que chacun
propofe de commencer la réforme des
loix par la fuppreffion des abus qui l'in-
commodent davantage ; chacun croit que
le gouvernement feroit parfait, fi l'on
profcrivoit le vice dont il fe plaint. Qu'on
me permette de le dire, je n'ai point
d'éclairciffement à donner à des perfonnes
qui ne foupçonnent pas que la législation
demande plus d'art & de méthode.

Il faudroit faire des volumes, fi je
voulois entrer dans l'examen de plufieurs

articles curieux, mais plus propres à faire
connoître les principes de votre ancien
gouvernement, que ceux qu'on se propose de suivre dans la réforme que médite
la confédération. Je n'ai pas les connoissances nécessaires pour entreprendre un
pareil ouvrage; & quand je les aurois,
je ne crois pas que ce fût ici l'occasion
d'en faire parade. A quoi serviroit de
prouver que vous avez toujours formé
une nation libre, & qu'il n'est pas vraisemblable que les Sarmates dont vous
descendez, & qui n'étoient pas moins
jaloux de leur liberté que tous les peuples du Nord & de la Germanie, aient
commencé par confier à leur général un
pouvoir absolu? Quel seroit le fruit de
mes savantes recherches? En seriez-vous
plus en droit de corriger les vices de
votre gouvernement? Quand vous auriez
obéi autrefois à une vraie monarchie,
quand vous auriez dans les mains les traités
passés entre la nation & le prince, je ne
conçois point comment on en pourroit
conclure que vous n'êtes pas les maîtres
aujourd'hui de dresser à votre gré vos
pacta conventa, & régler les conditions
auxquelles vous consentez à vous donner

un roi. Si vos peres n'ont pas d'abord été libres, il eſt du moins certain qu'ils le ſont devenus par une ſuite de révolulutions; & ſans qu'on puiſſe vous reprocher la moindre injuſtice, vous êtes en droit de profiter de cette liberté pour établir parmi vous la forme de gouvernement que vous jugerez la plus ſalutaire.

Abandonnons toutes ces diſcuſſions inutiles, monſieur le comte, pour nous en tenir à la réforme de vos loix & de votre gouvernement. Il ne s'agit pas de ſavoir quelle a été la condition de vos peres, mais d'établir la vôtre & celle de votre poſtérité. Il faut arrêter le cours des malheurs qui déſolent votre patrie, & lui aſſurer un avenir heureux. Me ſuis-je trompé dans le choix des moyens que j'ai indiqués pour parvenir à cette double fin ? Voilà ce qu'il faut & cé qu'il ſuffit d'examiner.

CHAPITRE II.

En quoi & comment les loix Polonoises font vicieufes.

J'AI dit dans mon mémoire que la Pologne devoit ſes malheurs à ſes mauvaiſes loix ; & l'on me répond que le roi, le ſénat & l'ordre équeſtre ont des devoirs très-ſeveres à remplir, & que tous ces devoirs ſont clairement déſignés & formellement preſcrits par les loix. De là on conclut que les loix ſont bonnes, & qu'on ne doit attribuer qu'à la dépravation des mœurs tous les déſordres dont les Polonois ſont les victimes. Fort bien : je ſens à merveille que de bonnes mœurs, en portant le roi, les ſénateurs & tous les citoyens au bien, les rendroient également heureux. Mais recherchons, je vous prie, pourquoi les Polonois ont ces mauvaiſes mœurs dont on ſe plaint & auxquelles on attribue tout le mal. Je demande pourquoi l'on déſobéit ouvertement & ſans pudeur à ces loix dont on

ioue la fageffe. N'eft - ce point parce
qu'ayant été jetées au hafard & fans ordre, elles ne font point étroitement liées
entr'elles ? Au lieu de fe nuire & de fe
contrarier, fe prêtent-elles une force mu-
tuelle ? Partent-elles du même principe,
tendent-elles au même but, veillent-elles
à la fois à la fûreté & à l'innocence des
citoyens, ont-elles pris des mefures efficaces pour affermir leur empire ? Il faut
néceffairement que les loix Polonoifes
aient plufieurs défauts, puifqu'elles n'ont
pu prévenir la dégradation des mœurs
dont on fe plaint, ou que les perfonnes
qui louent la fageffe de vos loix, conviennent qu'il y a des effets fans caufe.

Mais quand vos loix, auxquelles on
peut faire des reproches fi graves, formeroient un fyftême entier, exact &
régulier de morale, ne ferois-je pas en
droit de les regarder comme l'ouvrage
d'un législateur ignorant, fi fe contentant
d'ordonner le bien & de défendre le mal,
on avoit négligé les mefures néceffaires
pour s'affurer de l'obéiffance des magiftrats & des citoyens ? On a encouragé,
me dit-on, les bons par des récompenfes,
& intimidé les méchans par des punitions.

C'eſt quelque choſe : mais ſi on voit que
les gens de mérite n'ont preſque jamais
été honorés d'aucune récompenſe , &
que les méchans ont preſque toujours
échappé au châtiment , ne dois - je pas
blâmer vos législateurs , qui n'ayant pas
donné aux loix la protection dont elles
ont beſoin , ont laiſſé une libre carriere
à nos paſſions & à nos mauvaiſes mœurs ?
Vous voyez , monſieur le comte , que
ces loix particulieres dont on ſe vante ,
ne ſont d'aucune utilité , parce que des
loix d'un ordre ſupérieur n'ont pas établi
une puiſſance publique qui en rendît la
pratique néceſſaire.

Ces loix d'un ordre ſupérieur , c'eſt
ce qu'on appelle les loix fondamentales.
Si elles ſont vicieuſes , ſi elles ne ſont
pas proportionnées à la nature du cœur
humain & de la ſociété , l'on eſt en droit
de les regarder comme les ſources & les
cauſes de tous les déſordres de l'état. Or,
je le demande , & qu'on me réponde de
bonne foi; en réglant la forme de leur
gouvernement , en formant une puiſſance
publique , les Polonois ont-ils confié à
chaque magiſtrat une force ou un pouvoir dont il lui fût impoſſible d'abuſer,

tandis qu'il contiendroit les citoyens dans les bornes des devoirs qui leur sont prescrits ? Vos loix n'ont-elles pas rendu le roi trop puissant pour qu'il puisse remplir exactement l'obligation qu'on lui prescrit d'oublier ses intérêts personnels pour ne s'occuper que du bien public ? Ses prérogatives ne sont-elles pas assez grandes pour exciter en lui une vanité, une ambition & même une avarice qui doivent rendre ses sujets malheureux ? Ne lui a-t-on pas laissé assez de graces & de faveurs à répandre, pour qu'il achete des courtisans qui acheveront aisément de le corrompre, après avoir été eux-mêmes encore plus aisément corrompus ? Une législation qui ne sait pas que nos passions acquierent plus de force à mesure que nous avons plus de pouvoir, qui ignore que la sagesse est rarement assise sur le trône, est une législation bien aveugle, & devient elle-même une source abondante d'abus.

En plaçant dans le sénat vos évêques, vos palatins & vos castellans, la loi a-t-elle mesuré & partagé leur pouvoir de façon qu'ils ne fussent que ses organes ? A-t-elle pris les moyens nécessaires pour

leur faire aimer les devoirs auxquels elle
vouloit les assujettir ? Non , sans doute ,
puisque toute la Pologne se plaint de leur
extrême négligence , & que le corps entier du sénat est devenu presqu'inutile à
la république. Peut-on ne pas blâmer un
législateur qui , n'ayant pas eu l'esprit de
se défier de l'avarice & de l'ambition des
ministres , leur a en quelque sorte permis
de devenir des tyrans , & exposé les citoyens à tous les caprices d'un pouvoir
despotique ? En voyant ce qui se passe
dans vos dietes & vos diétines , on juge
que votre législateur a cru que pour conserver la liberté il étoit nécessaire de réunir les citoyens dans de grandes assemblées ; mais pourquoi a - t - il négligé les
réglemens qui rendroient ces assemblées
utiles ? Pourquoi n'a-t-il pas préparé les
Polonois par une bonne éducation , à ne
pas confondre la liberté & la licence ? Ce
sont ces précautions entiérement oubliées
parmi vous, qui sont la sagesse des loix ,
parce qu'elles en assurent l'empire. Voilà
en un mot , les principes & les bases
d'une bonne législation ; & dès que je
ne les trouve pas dans un peuple , je suis
en droit d'accuser les loix de produire

elles - mêmes tous les défordres & les malheurs qu'il éprouve.

Raffemblez tout ce que les philofophes les plus profonds ont écrit fur les devoirs des rois, des magiftrats & des citoyens ; de toutes ces excellentes maximes faites un code fublime de loix, publiez-le avec la folemnité la plus propre à frapper les efprits ; & je vous prédis hardiment que, malgré toute votre fageffe, vous n'aurez qu'une république miférable, où les paffions régneront infolemment. A peine fera-t-on revenu de ce premier étonnement qu'aura produit la publication de vos loix, que chacun fongera à fe mettre plus à fon aife. Les paffions auxquelles on n'aura pas donné de nouveaux intérêts en les liant fagement au bien public, regarderont autour d'elles, & chercheront quelles reffources on leur a laiffées pour fe fatisfaire. Elles effaieront leurs forces avec une forte de pudeur : un premier fuccès avilira les loix ébranlées ; & c'eft alors qu'agiffant à vifage découvert, le nombre des coupables affurera l'impunité. La puiffance législative en fera corrompue, fes loix feront injuftes & partiales ; & pour comble de maux, la puiſſance exécutrice n'obſervera pas elle-même ces loix, & profitera des abus pour étendre ſes droits, ou plutôt la licence.

Je n'annonce point des malheurs chimériques, & je ſuis perſuadé, monſieur le comte, que les défenſeurs de la ſageſſe de vos loix penſeront comme moi, quand vous aurez eu la bonté de leur faire paſſer ces réflexions. Je les prierai encore de comparer la conſtitution politique des peuples les plus célebres par leur ſageſſe & leurs ſuccès, à celle des républiques qui ont été les plus malheureuſes & les plus mépriſées. On verra que ces états different moins entr'eux par leurs loix civiles ou leurs réglemens particuliers, que par leurs loix fondamentales ou la forme de leur conſtitution. Tous les deux ont preſcrit des regles de juſtice, de bienveillance & de ſageſſe aux citoyens, mais avec un ſuccès qui devoit être très-différent. Pourquoi? C'eſt que chez les uns la puiſſance législative s'étant défiée d'elle-même, avoit pris des précautions contre les foibleſſes & les erreurs ſi naturelles aux hommes, ne pouvoit en quelque ſorte s'égarer, ou étoit toujours prête à réparer ses fautes. Chez les autres, au contraire, ne s'étant point prescrit une méthode pour aimer & chercher la vérité, elle étoit la dupe de ses propres caprices; & loin d'éclairer & de guider les citoyens, elle obéissoit enfin à toutes leurs passions. Là, des magistrats distribués en différentes classes & dont le pouvoir se balançoit, n'avoient & ne pouvoient avoir d'autre ambition que de servir utilement la patrie : ici vous trouverez des magistrats qui jouissent trop long-tems d'un pouvoir trop étendu, & qui pouvant espérer de se rendre les maîtres de la république, la corrompent par leurs intrigues pour la rendre esclave, & la dégoûtent de sa liberté.

Je me suis arrêté sur cette matiere, monsieur le comte, peut-être beaucoup plus long-tems que je n'aurois dû; mais puisqu'il est question de refondre votre gouvernement & vos loix, il est de la plus grande importance de ne laisser subsister aucun doute sur la nature & la dignité des loix, & de connoître ce qui doit servir de fondement à une bonne législation. Il importe de savoir & d'être convaincu qu'avec une foule de bonnes loix qui

qui font inutiles fans une bonne conftitution, on peut fort bien n'avoir qu'une
mauvaife république. Qu'il feroit malheureux pour vos réformateurs qu'après avoir
pris beaucoup de peine pour corriger leur
nation & la rendre heureufe, leur travail
né produifît en effet aucun bien réel ! Je
paffe à un autre objet.

CHAPITRE III.

De la maniere de présenter les loix en réformant une république.

I L me semble, dit l'auteur des réflexions qui vous font venues d'Epériez, *que le projet de réforme doit être fait comme par pieces détachées qu'on préfenteroit aux citoyens fuivant les circonftances, & qu'on pourroit raffembler pour former un tout régulier.* Cette propofition eft vraie, fi on ne l'applique qu'aux loix particulieres qui feront néceffaires pour réformer quelques coutumes, quelques abus ou quelques vices, avec lefquels la Pologne ne peut être floriffante. En effet, je fuis perfuadé que le législateur le plus habile à préparer & manier les efprits, éprouvera des obftacles fans nombre ; je crois qu'il doit fe prêter aux circonftances, & pour nous rendre meilleurs, ménager nos erreurs, nos préjugés & nos caprices, qui peut-être feroient infurmontables aujourd'hui, & qui demain s'humilieront pref-

que sans peine sous le joug d'une loi salutaire. Je conviens qu'à cet égard il faut
n'agir qu'au jour le jour, & c'est pour
cela que dans mon mémoire j'ai invité les
réformateurs à ne proposer que les loix
qui pourroient être agréables. Mais dans
cette espece de désordre, il faut cependant avoir un ordre constant.

L'auteur des réflexions d'Epériez semble trop s'abandonner aux circonstances.
Il espere que de ces loix diverses & dictées suivant les conjonctures, on pourra,
en les rassemblant, former un tout régulier. Vaine espérance ! Je crains que ces
loix éparses & décousues ne puissent jamais former un corps régulier de législation, si elles ne sont détachées du plan
régulier & général que les réformateurs
se feront fait avant que de les proposer à
la diete. Voulez-vous que le législateur
ressemble à ces personnes qu'on rencon-
tre dans toutes nos sociétés, & qui sur
l'apparence du moindre bien proposent
libéralement cent nouvelles loix dont les
sots admirent la sagesse & qui font le sup-
plice des gens sensés ? N'est - il pas vrai
que la plupart de ces loix particulieres
n'ont qu'une bonté relative ? Telle d'en-

tr'elles fert dans un fystême qui nuit dans l'autre. Tant que je n'aurai pas un plan fixe & arrêté de législation, comment jugerai-je que la loi que je porte aujourd'hui ne nuira pas à celle que je croirai important de publier demain ?

Un législateur doit fans doute connoître les vices, les abus, les préjugés qu'il doit profcrire quand les conjonctures feront favorables à fes entreprifes ; mais s'il ne fe propofe pas une fin générale à laquelle il rapporte toutes fes démarches, ne s'expofe-t-il pas à attaquer des défauts légers qui tiennent quelquefois à des chofes très-utiles ? Si je ne fuis pas parfaitement inftruit de la route que je dois tenir, je tomberai dans Charibde en voulant éviter Scylla. Dès que le public s'apperçoit de l'embarras de fes guides, il retire fa confiance ; & fes foupçons donnent une nouvelle force à fes paffions & aux caprices de la fortune. C'eft à cette maniere de procéder au hafard &, pour ainfi dire, à bâtons rompus, que les peuples doivent la plupart de leurs malheurs. On a déformé tous les gouvernemens, parce qu'on a eu l'efprit trop pareffeux ou trop étroit pour fe conduire par des vues générales & qui tendiſſent directement à la même fin. De là cette foule de loix qui ſe ſont accumulées les unes ſur les autres, dont on feroit accablé ſi on n'avoit pas pris le parti de les ignorer & de les mépriſer, & qui doivent produire tantôt ſéparément & tantôt à la fois l'anarchie & le deſpotiſme.

Des loix particulieres de police, d'ordre & d'adminiſtration, paſſons, je vous prie, monſieur le comte, à la réforme des loix fondamentales & conſtitutives d'une république. C'eſt ici, ſi je ne me trompe, qu'on voit évidemment combien il feroit puérile & dangereux de ne préſenter aux citoyens que des pieces détachées de leur gouvernement. A quoi ſerviroit d'attribuer à la puiſſance législative la ſouveraineté ſuprême qui lui appartient & qui doit s'étendre également ſur toutes les parties de la république, ſi dans le même inſtant vous ne réglez avec la plus grande préciſion les formes & les procédés auxquels elle doit s'aſſujettir, pour que ſes loix ne ſoient jamais l'ouvrage de la corruption, de la partialité ou de l'engouement ? Qu'importe d'établir la puiſſance législative, ſi vous ne placez pas à ſes côtés la puiſſance exécutrice pour lui ſervir de miniſtre ? De quelle utilité nous feront des magiſtrats, ſi leurs droits, leur dignité, leurs fonctions & leurs devoirs ne ſont pas établis & réglés dans le même moment & par la même loi ?

Tant que l'ouvrage de la conſtitution n'eſt pas achevé, j'oſerois preſque dire qu'il n'eſt pas même ébauché. En effet, ſi les loix fondamentales ne ſont pas, pour ainſi dire, d'un même jet, il me ſemble qu'il vous ſera impoſſible de les raſſembler pour en former un corps ré-gulier. Pourquoi ? C'eſt que vous aurez laiſſé aux paſſions le tems de ſe former de grandes prétentions & des eſpérances encore plus grandes. Si votre diete légiſ-lative jouiſſoit de la ſouveraineté avant que les prérogatives & les devoirs de la puiſſance exécutrice fuſſent établis, je craindrois que les nonces, par une ſuite de cette vanité ambitieuſe qui infecte le cœur humain, n'accordaſſent qu'avec beaucoup de peine aux magiſtrats l'au-torité dont ils ont beſoin pour faire reſ-pecter les loix. Peut-être que n'étant pas entiérement défaits de leurs préjugés & de leurs habitudes anarchiques, ils refu-ſeroient de former une puiſſance qu'ils

feroient obligés de craindre & de respecter après la féparation de la diete.
Si vous commencez par créer d'abord
ces magiftrats, foyez fûrs qu'ils feront
d'avance les ennemis de la puiffance
légiflative qui doit avoir le droit de les
juger. Ils auront affez de force ou d'art
pour empêcher qu'on ne lui donne la
fouveraineté pleine & entiere dont elle
doit jouir. Les réformateurs feront obligés de fléchir, & en courbant les loix,
ils donneront de l'ambition à la puiffance
exécutrice, & lui fourniront des pré-
textes pour lutter avec avantage contre la
puiffance de la diete. Ne croyez pas,
monfieur le comte, qu'en vous parlant
des entreprifes de nos paffions, je me
livre à des terreurs chimériques. Vous
favez qu'elles ont détruit les gouvernemens les plus fages, c'eft-à-dire, les plus
propres à donner des mœurs; quels ravages ne feroient-elles donc pas dans un
pays où depuis long-tems l'anarchie leur a
tout permis, fi les réformateurs n'établif-
foient pas dans le même jour & par la
même loi la forme entiere & complete de
votre gouvernement ?

Je fens combien il feroit téméraire de

vouloir réformer à la fois & avec précipitation tous les vices & tous les abus qui
énervent la Pologne , mais avec lesquels
les Polonois sont familiarisés, qu'ils aiment
même par habitude , parce qu'ils leur
ont été quelquefois utiles. Il ne faut pas
révolter les esprits dont on veut le rendre
maître ; & je me suis assez étendu là-
dessus dans mon mémoire pour n'y pas
revenir en cet endroit. Mais il n'en est
pas de même des loix fondamentales ou
constitutives ; car , vous venez de le voir,
c'est une nécessité indispensable d'en présenter à la fois le corps entier. Les confédérés ne doivent donc rien négliger , ils
doivent donc tout tenter dès ce moment
pour préparer leurs concitoyens à la révolution qu'ils méditent. Leurs peines ne seront point perdues , puisqu'on vous mande , monsieur le comte, dans toutes les
dépêches que vous recevez , qu'il n'y a
point de Polonois qui en souffrant beaucoup des désordres & des malheurs de la
république, ne commence à soupçonner
que son gouvernement est très-vicieux &
n'ait besoin d'une réforme considérable.
Profitez de ces heureuses dispositions ,
que vos malheurs ne soient pas perdus.

Je crois que vos correspondans ne veulent point vous tromper ou vous consoler
par de fausses espérances. En effet, si la
leçon que la Pologne reçoit n'étoit pas
capable de lui ouvrir les yeux & de la
corriger de ses préjugés, il faudroit convenir qu'il n'y a qu'une ruine entiere qui
puisse l'instruire de ses erreurs.

Il est vraisemblable que plus vos compatriotes auront souffert, plus ils seront
dociles & complaisans dans le rétablisse-
ment de la paix, à l'égard des hommes
qui n'auront pas abandonné la république
pendant la tempête, & par leur courage
l'auront empêchée de faire naufrage.
Mettez-vous en état dès aujourd'hui de
profiter de la joie à laquelle on se livrera,
& de l'espece d'enthousiasme ou d'engouement qui l'accompagne, non pas pour
tenter, mais pour faire une révolution.
Si les confédérés, dans ces circonstances,
portent à l'assemblée de la nation un plan
entier & complet de gouvernement, on
l'acceptera selon les apparences par acclamation ; car la joie qu'on éprouve en
échappant à de grands malheurs, n'est ni
scrupuleuse, ni sévere, ni soupçonneuse.
Mais si, ne connoissant pas le prix d'un

moment si favorable , ils le laissent échapper , qu'ils craignent de n'être plus les maîtres d'une nation aussi légere & aussi volage que la vôtre. Un instant de paix , de calme & de bonheur peut faire oublier tout le passé à des hommes peu exercés à s'occuper de l'avenir. Alors les habitudes reprendront leur empire , & je ne voudrois point répondre qu'à force de joie & de paresse les Polonois ne revinssent à croire qu'un gouvernement qui a été mis à de si fortes épreuves & qui les a sauvés , ne fût très-sage & doit être précieusement conservé. N'en doutez pas , monsieur le comte , toute nouveauté blessera vos compatriotes , & ils voudront être encore ce qu'ils ont été jusqu'à présent.

CHAPITRE IV.

Du liberum veto & des confédérations.

COMME le *liberum veto*, ajoute le même mémoire, est la source de notre anarchie, c'est pour détruire ce mal primitif qu'il faut employer tous les moyens possibles ; & lorsqu'une fois cet abus sera anéanti, la puissance législative reprendra vigueur, & nous recouvrerons la faculté d'agir. Je conviens qu'avec le *liberum veto* l'on ne peut rien espérer de bon, & je crois même l'avoir démontré ; mais je doute fort qu'en le détruisant, on rende à la puissance législative la faculté d'agir, & qu'elle ne s'en serve que pour faire le bien. Je nie que ce *veto* soit la source de tous les maux que vous éprouvez ; il n'est au contraire lui-même que l'effet d'un vice plus ancien, qui perdoit votre république ; & si vous ne remontez pas jusqu'à cette cause qui l'a produit, il me semble qu'il est inutile de le proscrire, ou qu'en le proscrivant, vous n'appliquerez à vos maux qu'un palliatif & non pas un vrai remede. Cette cause qui l'a déjà produit, le reproduira encore, ou fera naître d'autres abus qui ne seront pas moins funestes à votre liberté.

Je ne vous annonce point, monsieur le comte, des malheurs chimériques. Votre ami justifie lui-même mes alarmes, & c'est avec bien de la sagesse qu'il dit que ce seroit l'imprudence la plus blâmable de substituer la pluralité des suffrages au *veto*, avant que d'avoir dépouillé le roi de la prérogative de disposer à son gré de toutes les dignités & de toutes les graces de la république. Il est visible, en effet, qu'un prince qui pourroit corrompre & gagner par ses bienfaits le sénat, les grands & tout l'ordre équestre, ne tarderoit pas, à la faveur des suffrages qu'il auroit achetés, d'avoir pour lui la pluralité, de s'emparer de toute la puissance publique, &, si je puis parler ainsi, de vous opprimer légalement. Mais en voilà assez sur cette matiere, & je vais examiner si la suppression des prérogatives royales & du *veto* suffit, ainsi que s'en flatte l'auteur du mémoire d'Epériez, pour rendre votre république florissante.

Je suppose que ces deux nouveautés
soient établies en même tems & par la
même loi ; & je vous avoue que cet établissement, tant je suis timide, ne suffira
point pour me rassurer. Le roi ne pourra
plus vous corrompre ; mais il ne s'ensuit
pas de là que la puissance législative puisse
se montrer avec dignité dans la diete & agir
avec justice, si vous ne donnez pas à cette
assemblée une nouvelle forme. Elle abusera, comme le roi, de son pouvoir, si vous
ne la soumettez pas elle-même à des loix
& à des regles qui gênent ses caprices &
la forcent à faire le bien. Que vous importe d'avoir abaissé le roi, si vous laissez
à vos ministres leur autorité ? Serez-vous
plus libres sous leur oligarchie, que vous
ne le seriez sous le pouvoir arbitraire d'un
seul ? Vous voyez, monsieur le comte,
qu'en détruisant seulement la prérogative
royale & le *veto*, vous ne trouverez point
le calme, l'ordre & la prospérité que
vous desirez.

Il ne faut point se flatter, les Polonois
conservent encore malgré eux les mœurs,
les préjugés & les habitudes qu'un mauvais gouvernement & aussi ancien que leur
république leur a donnés ; il est même cer-

tain que la ſuppreſſion de la prérogative royale & du *veto* donnera à ces habitudes une nouvelle force & une nouvelle vigueur. Il ne ſuffit donc pas que le roi ne diſpoſe plus des dignités & des terres ou ſtaroſties de la république, pour que les cabales, les faƈtions & les intrigues diſparoiſſent; ſi vous ne donnez pas à la diete un nouvel eſprit par une nouvelle compoſition, n'eſpérez pas qu'elle confere les emplois, les magiſtratures & les ſtaroſties aux citoyens les plus dignes de ces dignités ou de ces faveurs. Il n'eſt que trop vraiſemblable, quand on conſidere le cours & la marche de nos malheureuſes paſſions, qu'aux abus occaſionnés par la prérogative royale, il en ſuccéderoit d'autres, & d'autant plus dangereux que les eſprits plus incertains pourroient concevoir de plus grandes eſpérances, ignoreroient où doit ſe porter préciſément leur ambition, & cauſeroient par conſéquent des déſordres plus compliqués & par là plus difficiles à réprimer. L'ambition des grands ne ſeroit point oiſive, elle rempliroit la diete d'intrigues & de cabales, comme elle en rempliſſoit la cour. Au milieu de ce chaos, vous verfiez vraifemblablement fe former parmi vous une monftrueufe oligarchie. Vous verriez la nation fe partager entre plufieurs maifons puiffantes, qui ont des cliens, des créatures, des flatteurs & une fortune trop confidérable pour préférer les intérêts de la république à leurs intérêts particuliers. Elles ont profité des longs défordres de votre gouvernement, pour acquérir une confidération qui leur eft chere, & à laquelle la plupart de vos gentilshommes font trop accoutumés pour qu'elle leur foit odieufe ou fufpecte.

N'en doutez point, plus il y a d'inégalité dans la fortune de la nobleffe, moins elle doit avoir le fentiment de la liberté. Les riches conferveront encore long-tems leur orgueil, leur ambition, leur defpotifme ; & les pauvres ne prendront pas fubitement les fentimens élevés que doit avoir un républicain. J'ajouterai que l'ufage de vos fréquentes confédérations a familiarifé les Polonois avec les voies de fait, & même avec la guerre civile qu'on craint peut-être trop dans de certains pays, mais que certainement la Pologne ne craint pas affez. Voilà, mon-

fieur le comte, les mœurs, les abus, les
préjugés & les habitudes qui m'inquietent
pour votre république. Si je pouvois vous
entretenir ici de tous les maux que je
crains, tous vos compatriotes jugeroient
fans peine qu'il ne vous fuffit pas de
profcrire le *veto*, & de ne plus avoir un
roi qui vous corrompe par fes bienfaits;
mais que les réformateurs doivent former
un plan qui embraffe toutes les parties de
l'état. S'ils ne le font pas, on peut vous
prédire hardiment que vous vous trouverez enfin dans le cas de la république Romaine, lorfque fes citoyens trop puiffans,
trop foibles, trop riches & trop pauvres
pour aimer leur liberté & refpecter l'empire des loix, ne formèrent que des partis
& des factions, & par laffitude de leurs
maux, aimerent le joug modéré d'Au-
gufte, qui les préparoit au defpotifme
fanguinaire de fes fucceffeurs.

Au lieu de regarder la fuppreffion du
veto & de la prérogative royale commé
le premier & l'unique objet de votre politique; au lieu de penfer qu'après cette
double opération, l'établiffement des
loix ne trouvera aucun obftacle, & qué
vous n'aurez qu'à jouir de votre bonheur,

je voudrois au contraire que les réformateurs cruſſent n'avoir rien fait, tandis
qu'ils n'auront pas établi la puiſſance exécutrice ſur de bons & ſolides principes.
Qui ne voit pas que plus un pays a été
abandonné à une liberté licencieuſe, plus
les magiſtrats doivent être jaloux d'exercer un pouvoir arbitraire? Qui ne voit
pas que le légiſlateur & les loix ſeront
mépriſés, ſi, loin de les ſeconder, leurs
miniſtres travaillent à s'élever ſur leurs
ruines? Non, monſieur le comte, &
j'eſpere que vous perſuaderez cette vérité
à vos collegues, ce n'eſt que par la vigi-
lance, le courage, la patience des magiſtrats, qu'on parviendra à faire diſparoî-
tre ces mœurs, ces abus & ces habitudes
dont je viens de parler. Les magiſtrats
ſeuls pouvant donner de la majeſté à la
puiſſance légiſlative & faire reſpecter les
loix, la diete ſeroit donc inutilement dé-
barraſſée de l'abſurdité du *veto* & de la
corruption de la cour, ſi par l'acte même
qui établira ſon pouvoir, elle ne régloit
les droits, les devoirs & les fonctions de
la puiſſance exécutrice.

Si cette puiſſance eſt partagée en différens colleges de magiſtratures, chargés

de veiller aux différens besoins de la société ; si les bornes qui les séparent sont
placées avec sagesse ; si ces corps perpétuels sont sans cesse renouvellés par de
nouveaux magistrats ; si les forces qu'on
leur confiera ne sont ni trop étendues
ni trop resserrées ; une sorte d'étonnement salutaire suspendra l'ambition des
grands , & une confiance éclairée retirera
la petite noblesse de l'humiliation où elle
languit. Les passions intimidées apprendront à se déguiser , & ce déguisement
les préparera peu à peu à obéir au frein
des loix. A mesure que les motifs d'aimer
le bien se multiplieront , les mœurs de
jour en jour moins mauvaises permettront
de faire de jour en jour de nouveaux progrès , & la république jouira enfin du bonheur qu'elle aura mérité. Je conclurai de
ces raisonnemens que l'abolition du *veto* ,
la réforme de la prérogative royale , la
souveraineté de l'ordre équestre assemblé
en diete , la dignité des diétines & l'établissement de la puissance exécutrice distri-
buée en différens colleges ou conseils &
exercée par des magistrats dont la magistrature soit courte & passagere , doivent

» marcher de front, & ne former que les
» différens articles de la même loi.

Je vous demande pardon, monsieur
le comte, de m'être arrêté si long-tems
sur cette matiere ; mais il me semble que
quand on combat des préjugés anciens,
& qu'il est question pour un peuple de se
faire une nouvelle politique, on ne doit
point se piquer d'une briéveté que vous
aimez, parce qu'un mot suffit pour vous
faire connoître une vérité, & que vous
en démêlez promptement toutes les con-
séquences : mais tous les Polonois n'ont
pas le bonheur de vous ressembler. Je
vois, en lisant un des mémoires que vous
avez eu la bonté de me communiquer,
que ce que j'ai dit des confédérations n'a
pas persuadé tous mes lecteurs. Je me
doutois que l'usage des confédérations
devoit plaire extrêmement à des hommes
qui ne trouvoient pas le *veto* déraisonna-
ble ; aussi n'ai-je point proposé de le proscrire par une loi expresse. Je n'ai songé
qu'à le faire oublier, en mettant la république dans le cas de n'avoir plus besoin
de recourir à cette ressource funeste. Bien
loin d'approuver ma condescendance,
on la blâme. On veut conserver précieu-

sement l'usage des confédérations & l'au- -
toriser par une loi expresse. On prétend b
que le droit que les gentilshommes auront u
de se confédérer, entretiendra l'amour de a
l'indépendance, & que dans les extrêmités malheureuses où la succession des tems a
& les caprices de la fortune jettent les a
peuples les plus sages, votre république s
se servira des confédérations, comme s
d'un dernier moyen pour sauver sa liberté.

Je conviens avec l'auteur du mémoire
que les confédérations ont souvent été
utiles à la Pologne ; mais je le prie de rechercher avec moi quelle en a été la cause.
C'est parce que votre gouvernement
extrêmement vicieux vous exposoit sans
cesse aux maux de la tyrannie, & que ne
vous offrant aucune maniere légale de
vous y opposer, vous ne pouviez conserver votre liberté que par la voie de la
force & de la violence. Un vice, comme
je l'ai dit, pouvoit alors remédier à un
autre vice ; de deux maux il faut choisir
celui qui paroît le moindre, & je conviens que si on vous eût proposé de renoncer aux confédérations avant que de
vous donner des loix salutaires, vous

auriez eu raison de répondre avec ce palatin, aïeul, je crois, de votre roi Stanislas, que vous préférez une liberté inquiete & agitée à une servitude tranquille. Mais ce palatin dont les Polonois admirent le courage, s'il eût pu se flatter de jouir d'une liberté sûre & tranquille sous la protection d'un sage gouvernement, croyez-vous qu'il eût aimé les confédérations, & autorisé par une loi la guerre civile dont, selon les apparences, on n'auroit plus eu besoin ?

Si la réforme qu'on médite assure la liberté des Polonois, si elle doit fournir à la diete législative & à vos magistrats mille moyens faciles de s'opposer aux atteintes qu'on pourroit porter à la liberté, & de conserver la république au milieu des secousses auxquelles nos passions exposent éternellement les sociétés, ne seroit-il pas insensé (l'expression n'est pas trop forte) de vouloir autoriser le préjugé des confédérations, au lieu de les faire oublier ? C'est pour jouir tranquillement des douceurs de la paix, que les hommes se sont réunis, & ont formé une puissance publique qui peut intimider par des forces supérieures tout

citoyen qui ne voudroit pas obéir aux
loix. Pourquoi donc veut-on autoriser
la guerre civile par une loi expresse ?

Je prie l'auteur du mémoire que
j'examine, & les personnes qui pensent
comme lui, d'étudier l'histoire de vos
confédérations. Ils en trouveront sans
doute plusieurs qui n'ont été formées que
pour venir au secours de la liberté en
danger ; mais je suis persuadé que la plupart des autres leur paroîtront l'ouvrage
de quelques hommes inquiets, emportés
& ambitieux, qui se faisoient un jeu de
sacrifier la patrie à leurs intérêts particuliers. Je vous avertis, monsieur le comte,
que ce n'est point d'après la connoissance
que j'ai de votre histoire que je parle
ainsi ; je l'ai lue, mais ne l'ai pas étudiée :
c'est d'après les réflexions générales que
j'ai faites sur les passions humaines, & sur
les formes différentes qu'elles prennent
suivant la nature différente des gouvernemens. En effet, ne seroit-il pas prodigieux que les loix qui permettent de conjurer contre la puissance publique pour
se mettre à sa place, n'eussent jamais
porté qu'à des entreprises avouées par la
raison ; tandis que nous savons que nos

passions abusent de tout, & triomphent
si aisément de notre foible raison ?

J'ai dit dans mon mémoire, qu'il ne
falloit point par une loi expresse défendre
les confédérations, & les déclarer des
crimes contre l'état; car je craignois, en
soulevant un préjugé trop ancien & trop
répandu, de lui donner une nouvelle force.
J'ai espéré de le faire oublier, en offrant
aux citoyens des voies légales & pacifi-
ques pour protéger leur liberté. Je me
suis flatté qu'un gouvernement qui inspi-
reroit de la confiance, & par conséquent
beaucoup d'amour pour la patrie & beaucoup de respect pour les loix & le bon
ordre, feroit tomber en désuétude les
confédérations, & ne permettroit plus
aux citoyens de se porter aux dernieres
extrêmités. Sans cette espérance, monsieur le comte, je vous aurois demandé
une loi expresse pour déclarer ennemis publics tous ceux qui auroient signé une confédération. Je vous les demanderois encore aujourd'hui; car je suis persuadé, malgré les raisonnemens qu'on m'oppose, que
les confédérés de Bar en sentiroient l'importance & ne se feroient aucune difficulté de la publier. On a beau me dire

qu'une confédération doit par honneur
protéger les confédérations, & qu'il seroit indécent, & même ridicule, que
dans le moment qu'elle sauve la république, elle condamnât sa conduite. J'ai
déjà répondu à cette objection. Les confédérés de Bar diront que par amour de la
patrie ils se sont servis d'un remede dangereux, terrible, mais nécessaire, & qu'ils
veulent apprendre à la république à n'en
plus avoir besoin.

CHAPITRE

CHAPITRE V.

De l'hérédité de la couronne.

Nous voici parvenus, monsieur le comte, à l'objet le plus important de votre législation, ou du moins à un article sans lequel je ne prévois pas que vous puissiez assurer le bonheur de votre postérité ; je veux parler de la grande question qui concerne la couronne. Doit - elle rester élective, ou vous est-il utile de la rendre héréditaire ? En supposant que votre patrie soit tellement attachée à l'éligibilité qu'on ne puisse lui proposer l'hérédité sans révolter les esprits, la question est décidée, & je me tais ; car personne n'est plus convaincu que moi qu'il seroit insensé de présenter une loi qu'on doit rejeter avec indignation, & qui rendroit odieux les réformateurs. Mais heureusement il s'en faut bien que les choses en soient réduites à cette extrémité. Je vois, d'après les différens écrits qui vous ont été envoyés, que la Pologne est partagée

fur cette grande affaire. Je me bornerai
à faire ici quelques réflexions fur les avantages & les inconvéniens attachés à chaque parti; & je ne doute pas que les confédérés ne faffent, autant que le permettra
l'opinion publique, tout ce qui fera le plus
utile à leur patrie.

Les loix les plus prudentes, dit un mémoire venu d'Efpériez, *les plus clairement énoncées & les plus pofitives auront
beau borner l'autorité d'un roi héréditaire;
il rompra à la fin toutes les barrieres qu'on
lui oppofe. Les exemples*, ajoute-t-on,
*nous font trembler. Nous voyons quantité
de nations ou de royaumes qui, ayant ad-
mis une fois l'hérédité, ont été forcés dans
la fuite de reconnoître un maître tout puiffant & abfolu, quoiqu'ils euffent pris toutes les mefures poffibles pour conferver leur
liberté.*

Je conviens que l'hérédité du trône a prefque toujours conduit au defpotifme; mais
je nie que ce defpotifme foit une fuite néceffaire de l'hérédité. Pour me convain-
cre que je fuis dans l'erreur, il faudroit
me prouver que la prudence humaine n'a
& ne peut avoir aucun moyen pour concilier la liberté des citoyens & l'hérédité

de la couronne. Je fais que des princes
héréditaires, regardant leur nation comme
le patrimoine de leur maison, doivent
avoir beaucoup plus d'ambition que des
rois électifs dont les enfans restent confondus dans la foule des sujets. Mais je
demande si cette ambition qui est très-
grande, ne connoît aucune borne. Après
avoir étudié le jeu, la force & la ruse
des passions humaines, a-t-on découvert que l'hérédité qui les exalte dans le
cœur d'un prince, en ait changé la nature;
& que n'étant plus soumis aux foiblesses
communes de l'humanité, il n'appartient
plus à de simples hommes de vouloir le
gêner ? Un roi, quoiqu'héréditaire, a les
mêmes passions que le dernier de ses sujets. Dans l'un comme dans l'autre elles
se combattent, se balancent, se tempe-
rent, se modifient de la même maniere;
& si la politique peut tenir dans la soumis-
sion un peuple entier dont les forces paroissent si redoutables, pourquoi ignore-
roit-elle l'art de contraindre un prince
héréditaire à se contenter du pouvoir
qu'on lui auroit abandonné ?

C'est inutilement, dit-on, qu'on a
fait les loix les plus prudentes pour bor-

ner l'autorité d'un roi héréditaire. Mais je voudrois qu'on me citât quelques-unes de vos loix, & je suis bien sûr que j'y découvrirois quelqu'imprudence grossiere. L'hérédité, ajoute-t-on, a rompu à la fois toutes les barrieres qu'on avoit opposées au pouvoir arbitraire. Je répondrai que ces barrieres n'étoient qu'une légere palissade facile à franchir. On dit encore que les nations ont pris toutes les mesures possibles pour conserver leur liberté. Ne seroit-il pas plus vrai de dire qu'elles ont fait au contraire tout ce qu'il falloit pour la perdre ?

Je vous prie, monsieur le comte, d'examiner l'histoire des peuples qui ont été subjugués par des rois héréditaires ; & bien loin qu'ils aient fait tout ce qu'exigeoit la prudence pour conserver leur liberté & fixer des bornes inébranlables à la prérogative royale, vous verrez que leur gouvernement s'est presque toujours formé au hasard, & que n'ayant jamais eu l'esprit de se défier des passions, ils ont cru qu'il suffisoit de faire un réglement pour qu'il fût observé. Vous verrez que, toujours conduite plus par l'espérance trompeuse du bien que par la crainte salu-

taire du mal , un éternel engouement les
a portés au-devant du joug. Vous verrez
en un mot que ce despotisme , dont tant
de nations se plaignent , est plutôt leur
ouvrage que celui des princes auxquels
elles obéissent.

Puisque les loix grossieres , incohéren-
tes & qui ne forment point un système
régulier & proportionné à la nature des
hommes , telles que sont , par exemple ,
les loix d'Angleterre , ne laissent pas cependant de s'opposer depuis long - tems
aux progrès des abus que doit produire
l'hérédité ; pourquoi des loix sages , habilement combinées entr'elles & capables
de diriger & de gouverner nos passions ,
ne pourroient - elles pas contraindre des
princes héréditaires à respecter la liberté
publique ? Si les Anglois sont encore
libres , malgré les mœurs , les loix & les
usages qui favorisent la prérogative royale
& hâtent la corruption du parlement ,
pourquoi ne pourroit - on pas imaginer
sans beaucoup de peine des loix plus sages
qui préserveroient la Pologne des dangers
dont l'Angleterre est menacée ? Il est vrai
que les Anglois n'ayant rien qui les invite
& les prépare à réparer dans leur gou-

vernement les parties que le tems ou des circonſtances malheureuſes peuvent affoiblir ou déranger, leur conſtitution doit devenir de jour en jour plus mauvaiſe; mais il me ſemble que ſans trop exiger de la politique des Polonois, on do t s'attendre qu'ils trouveront le moyen de prévenir cette décadence inſenſible & d'autant plus funeſte qu'on ne l'apperçoit que quand il n'eſt plus tems d'y remédier. Je ne dois pas m'arrêter à indiquer ici en détail les réglemens ni les meſures que la prudence conſeille; je m'en rapporte aux lumieres des confédérés: ſûrement ils ne trahiront pas les eſpérances de leur nation, & ils affermiront ſa liberté, en n'accordant à aucun magiſtrat une autorité qui lui donne la confiance d'en uſurper une plus grande.

On n'entreroit point dans ma penſée, ſi l'on croyoit que je conſeille l'hérédité de la couronne comme un établiſſement préférable à votre élection; car je connois trop la foibleſſe, la ſottiſe des hommes & la méchanceté qui en peut réſulter, pour ne pas ſavoir qu'une magiſtrature ne doit être conférée que pour un tems très-court, & que votre élection

est par conséquent préférable par sa nature à l'hérédité que je propose, & qui
revêtiroit une famille d'une magistrature
perpétuelle. Mais, si je ne me trompe,
c'est sous un autre point de vue qu'il faut
examiner cette question. Tout le monde
convient que, dans l'état actuel des choses, la Pologne ne peut point se passer
d'un roi dont l'autorité supérieure con-
tienne jusqu'à un certain point les grands
toujours prêts à troubler la tranquillité
publique. Mais ces cabales, ces factions
& ces partis dont la Pologne est le théa-
tre, lui permettent-ils de placer sur le
trône le citoyen le plus digne de cet honneur par ses vertus & ses lumieres ? Les
Polonois incorruptibles sont-ils incapables
de vendre leurs suffrages ? Résisteront-
ils aux sollicitations des princes étrangers ?
Sont-ils assez forts pour en imposer aux
puissances voisines qui voudront disposer
de leur couronne ? Dans ce cas ils peuvent conserver l'élection. Mais si cette
élection toujours vicieuse doit être toujours l'ouvrage de la violence & de la
corruption ; si elle ne sert, comme je
l'ai dit dans mon mémoire, qu'à renou-
veller sans cesse les abus, les vices & les

désordres qui affligent la Pologne & qui la perdront, je crois qu'il est absolument nécessaire de recourir au remede unique de l'hérédité.

Je prie les confédérés, monsieur le comte, d'examiner avec soin s'ils peuvent, en n'établissant pas l'hérédité, se flatter d'arracher des mains du roi les graces & les faveurs de la république, dont il abuse, & dont la distribution renouvelle continuellement les haines, les rivalités, les partis & les conjurations des grands. Tant que la couronne sera élective, aucun de vos seigneurs ne permettra qu'on dégrade une dignité à laquelle il aspire, & dont il espere d'être un jour revêtu. Tandis que votre roi électif continuera d'abuser de sa prérogative, n'est-il pas évident que les grands qui attachent toute la noblesse à leurs intérêts opposés, continueront à se conduire par les mêmes intrigues que vous voulez bannir de votre république? Au milieu de cette fermentation générale qui doit sans cesse donner une face nouvelle aux affaires, pourroit-on, je ne dis pas établir des regles constantes du bien public, mais seulement penser qu'il doive y en avoir? Si les réformateurs profitoient d'un moment de faveur ou d'enthousiasme pour faire porter quelques loix sages par la premiere diete libre que vous aurez, j'ose vous répondre que l'esprit national que ces loix d'un ordre inférieur n'auront point changé, les fera bientôt tomber dans le mépris.

Donner la couronne à un piaste, c'est, pour ainsi dire, allumer la guerre civile dans la république. On peut bien se consoler de n'être pas roi, mais non pas de devenir le sujet de son égal qu'on regardera par vanité comme son inférieur. Si les passions sont alors secondées par un grand courage & de grands talens, l'état ébranlé recevra des secousses violentes. Si cette ambition dégradée dans des ames communes dégénere en basse jalousie & en folle vanité, le corps entier de la nation sera infecté du venin sourd & lent de l'intrigue, de la fraude, du mensonge ; & je ne crois pas qu'il y ait une maladie plus incurable ni plus dangereuse pour une république.

La loi, pour éviter ces inconvéniens, ordonnera-t-elle de ne prendre qu'un prince étranger pour roi ? C'est inviter les puissances étrangeres à venir cabaler parmi vous & vous désunir par leurs intrigues ; c'est introduire dans votre patrie la plus funeste des corruptions ; c'est vous apprendre à vendre votre suffrage, & tout continuera à être rival parmi vous. Mais je demande quel avantage la Pologne se promet en mettant à la tête de ses affaires un premier magistrat qui n'aura ni les mœurs, ni le génie, ni les principes, ni les préjugés même de la nation. Dèslors les Polonois seront condamnés à n'avoir aucun caractere. L'intérêt des familles les plus puissantes sera d'élever sur le trône un prince qui leur doive sa fortune, & qu'elles haïront bientôt, parce qu'elles ne le trouveront jamais assez reconnoissant. Elles entretiendront au - dehors des correspondances & des négociations toujours suspectes & souvent criminelles.

Si la loi permet de placer sur le trône un prince qui ait au-dehors des états héréditaires, la Pologne éprouvera nécessairement tous les inconvéniens dont j'ai parlé dans mon mémoire pour la détourner de se donner à la maison de Saxe. Si la loi vous ordonne de choisir un prince qui ne possede aucune souveraineté patrimoniale, je dirai que, trouvant très-doux de vous laisser corrompre par les libéralités & les bienfaits d'un prince riche, vous parviendrez bientôt à éluder & violer sans scrupule une loi destinée à prévenir la corruption. Qui ne prévoit pas d'avance que l'avarice trouvera cent sophismes pour démontrer de la maniere la plus évidente combien il vous importe de profiter des richesses d'un roi qui vous promettra de faire beaucoup de bien, & qui ne fera que du mal ? Pourquoi l'avarice seroit-elle moins heureuse en Pologne que dans le reste de l'Europe ? N'at-elle pas persuadé par-tout que l'argent doit être le nerf & l'ame de la politique, & que les opérations les plus savantes & les plus sages doivent tendre à le multiplier ? Un roi riche, quoiqu'électif, aura presque l'autorité d'un roi héréditaire. En obéissant par complaisance, on s'accoutumera insensiblement à moins aimer sa liberté ; on la perdroit enfin, si chaque interregne ne donnoit naissance à de nouveaux partis, de nouvelles haines, de nouveaux intérêts de famille , & ne sembloit faire prendre une nouvelle force au caractere national. Mais au lieu de la liberté, ces vices ne produiront qu'une anarchie qui se perpétuera après l'élection du roi. Elle peut ne pas effrayer un Polonois, parce qu'il y est accoutumé ; mais s'il rentre pour un moment en lui-même, il jugera sans doute qu'il y a un terme fatal pour tous les vices, & qu'il arrive enfin des conjonctures où ils perdent nécessairement le peuple qu'ils ont corrompu, & qui les aime.

Les maux qui résultent de l'élection, sont des maux présens, ils sont certains, ils sont inévitables ; ceux qu'on peut craindre de l'hérédité, sont éloignés, il est possible d'y remédier, & certainement le goût des Polonois pour la monarchie ne s'opposera à aucune des mesures que vous conseillera la politique la plus soupçonneuse & la plus prévoyante. Le parti que la raison vous ordonne de choisir en cette occasion, n'est donc pas douteux. Je dis que les maux de l'élection sont présens & certains. Comment pourroit-on en douter, puisque les désordres dont je viens de parler ne sont pas des désordres que l'élection doive produire peu à peu & d'une maniere lente & insensible, comme les maux que vous craignez de l'hérédité ? Ce font des défordres dont votre république fe plaint depuis que la famille des Jagellons eft éteinte , & qui fubfifteront jufqu'à ce qu'une nouvelle famille ait acquis parmi vous le même crédit & la même confiance.

Je dis au contraire, que les maux dont l'hérédité vous effraie , font éloignés & incertains ; & fi on fe rappelle tout ce que j'ai dit fur votre nouvelle conftitution , on fe convaincra aifément de cette vérité. En effet, comment votre roi héréditaire oferoit - il attenter à votre liberté , après que vous lui aurez ôté tous les moyens de gagner les ambitieux par des dignités , & que fa modique fortune ne lui permettra pas d'acheter les avares ? Perfonne , monfieur le comte , n'eft plus perfuadé que moi du pouvoir des paffions ; mais je fais auffi qu'elles ne font actives , agiffantes & opiniâtres qu'autant qu'elles font nourries & foutenues par quelqu'efpérance de fuccès. Je ne doute point que la maifon que vous aurez élevée fur le trône ne forme d'abord de vaftes projets dont l'exécution ruineroit votre liberté ; mais à chaque inftant votre roi s'appercevra des entraves qu'on lui aura mifes. Par-tout il trouvera une barriere entre le defpotifme & lui. S'il veut la franchir avec audace, fa folle témérité ne fera point à craindre, parce qu'elle fou-levera tous les efprits. S'il eft prudent & veut vous tromper par la rufe, l'adreffe, le tems & l'infinuation, fon ambition elle-même s'affoiblira parce qu'elle n'agira pas, & peu à peu il s'établira une routine qui deviendra la politique de vos rois.

J'ajoute que vos rois héréditaires n'au-ront que les penfées & les projets d'un magiftrat dont la magiftrature eft courte & paffagere. Réduits à préfider les con-feils de la république, & ne pouvant point avoir d'autre volonté que le fénat, ce fera le fénat qui vous gouvernera, & non pas vos rois. Il me femble que les réformateurs doivent être tranquilles fur l'avenir, & compter fur la fidélité des différens confeils qu'ils auront établis pour l'adminiftration des affaires. Que pour-roit-on en craindre, puifque fe renou-vellant en partie à chaque tenue de diete, c'eft-à-dire, tous les deux ans, ils ne pourront jamais former le projet d'ufur-per pour eux-mêmes le pouvoir arbi-traire, ou de le conférer au prince ? L'intervalle d'une diete à l'autre eſt trop court pour méditer, projeter, préparer & conſommer une révolution. Je demande quel motif auront ces conſeils de ſe vendre au roi ; je demande par quels moyens le roi les achetera. Par quelle fatalité ces différens conſeils, chargés chacun d'une branche différente de l'adminiſtration, & qui doivent être les uns pour les autres des cenſeurs, ne ſeront-ils compoſés que de traîtres ? Par quel aveuglement prodigieux pluſieurs dietes conſécutives ſe tromperont-elles conſtamment dans leur choix ? Quand on ſe trompe de bonne foi, il me ſemble qu'il n'eſt pas poſſible qu'on ſe trompe toujours. Comment arrivera-t-il que ces conſeils forment une conjuration, ſans qu'on en apperçoive aucune indice ; & comment votre diete ſera-t-elle aſſez aveugle, aſſez ſtupide & à la fois aſſez corrompue pour renoncer à ſa liberté ? Que toutes ces abſurdités ſe réuniſſent pour vous perdre ; j'y conſens. Mais ne vous reſte-t-il pas une derniere reſſource dans vos diétines ? Ne condamneront-elles pas leurs nonces qui auroient trahi la patrie, & leur effort ne ſera-t-il pas capable de rétablir la liberté ?

Sans doute , monfieur le comte , que l'hérédité de la couronne produiroit enfin en Pologne le defpotifme & la fervitude qu'elle a produits dans plufieurs autres pays , fi vous vous contentiez de vous précautionner contre les fuites funeftes de l'avarice & de l'ambition. Il en faut convenir , la fécurité que la fageffe du gouvernement & des loix infpire à tous les citoyens , devient elle-même un principe de corruption & de décadence. On oublie que la liberté eft un bien fragile qu'on n'obtient qu'à force de foins , & qu'on ne conferve qu'autant qu'on craint de le perdre. La nation la plus libre & la plus jaloufe de fes droits s'endort quelquefois ou s'affoupit à force de bonheur. Il fe forme une rouille qui ralentit , détraque & ufe les refforts du gouvernement ; il furvient cependant des affaires importantes & des circonftances malheureufes , où un peuple auroit befoin de la vertu qu'il a perdue ; ne la retrouvant pas , il a recours aux reffources les plus extraordinaires ; & foit qu'elles réuffiffent ou non , l'efprit national s'altere & fe perd enfin fans retour.

Quelque fréquentes qu'aient été ces

révolutions, il faut cependant se garder
de croire qu'elles soient inévitables. Qui
empêche qu'on ne porte une loi qui
ordonne expressément que tous les cinquante ans, à chaque nouveau regne,
après chaque guerre étrangere, la nation sera convoquée extraordinairement ;
qu'on créera des magistrats extraordinaires sous les noms de dictateurs ou de con-
suls, & revêtus d'un pouvoir nouveau,
pour examiner les atteintes portées au
gouvernement, & rétablir la forme ancienne, en réparant les abus que le tems,
la sécurité, la fortune, le bonheur, le
malheur & les passions peuvent avoir in-
troduits sous le nom de coutume, de prérogative & de privilege, & dont la
négligence des magistratures ordinaires
n'aura pas empêché les progrès ? Une
expérience malheureusement trop com-
mune, nous prouve qu'on se familiarise
sans peine avec les abus. A peine le premier nous plait-il, qu'il en entraîne un
second à sa suite qui plait également : ils
s'accumulent, & de là cette dégradation
insensible qui nous jette enfin dans des
vices extrêmes auxquels il n'est plus possible de remédier, parce qu'il en coûteroit

trop pour s'en féparer. C'eſt contre ces
accidens que la politique doit ſe prémunir,
& on ne les auroit point éprouvés, ſi les
légiſlateurs avoient ſoin de donner à leur
gouvernement des moyens de ſe corriger, de ſe rétablir & de ſe reproduire,
pour ainſi dire, par ſes propres forces.

Il me ſemble que l'hérédité accompagnée de toutes les précautions que je
propoſe, ne peut inſpirer aucune alarme.
Mais en ſuppoſant que ces précautions
ſoient inutiles, il faudra du moins convenir qu'il s'écoulera pluſieurs généra-
tions avant que le deſpotiſme ſoit établi.
Après cela je demande hardiment s'il ſeroit ſage de préférer en ce moment une
anarchie certaine à une tyrannie douteuſe
& reculée. Pour vous délivrer des jalou-
ſies, des haines, des rivalités, des brigues, des partis, des factions, des intrigues qui vous déſolent depuis ſi long-
tems & peuvent vous conduire enfin à
la ſervitude, la politique ne vous or-
donne-t-elle pas d'avoir recours à un établiſſement qui vous donneroit le tems de
reſpirer, & qui ſubſiſteroit au moins
pendant quelques ſiecles ? Plus l'hérédité
vous effraie, moins vous aurez dans la

suite de raisons de la redouter. Cette crainte même je la regarde comme un bon augure pour l'avenir. Elle préparera les esprits à recevoir plus facilement les loix que les confédérés croiront les plus nécessaires. Elle vous rendra plus attentifs à toutes les démarches de votre roi, & vous en contracterez l'habitude. En voyant votre liberté en danger, vous prendrez, sans vous en appercevoir, les mœurs & le génie convenables à votre gouvernement. Il est donc du devoir de tous les citoyens qui aiment véritablement leur patrie, d'employer toutes leurs forces, toute leur industrie, tous leurs talens, tous les moyens praticables, pour établir l'hérédité. Il n'y a pas jusqu'à l'intrigue dont on ne doive se servir; elle s'ennoblira par la fin à laquelle elle sera employée. Ne craignez point de vous égarer sur les traces de Lycurgue, qui sans autre droit que celui que donne l'amour de la justice & de la patrie, fit une conjuration avec trente de ses concitoyens pour forcer la république à être heureuse.

Je suis d'autant plus frappé des inconvéniens attachés à votre couronne. élec-

tive , qu'après avoir cherché quelque
remede aux maux qui en résultent , je
n'ai rien imaginé qui ait pu me satisfaire.
J'ai étudié cette matiere avec toute l'attention dont je suis capable , & je vous
avouerai qu'après les plus sérieuses réflexions , je n'ai trouvé que des loix pareilles à celles qu'on publie tous les jours
inutilement dans la plupart des états. Elles
seroient bonnes si on avoit la complaisance d'y obéir , mais il ne faut pas s'y
attendre ; je me suis apperçu que mes réglemens seroient méprisés , & que l'élection continueroit à causer beaucoup plus
de trouble & de fermentation que mes
loix ne pourroient apporter de calme &
de concorde. Je suis bien long sur cet article ; mais je le regarde comme le fondement de toute votre nouvelle législation,
& je vous prie , monsieur le comte , que
je m'arrête encore à répondre à quelques
objections qu'on m'a faites & qu'il est
important d'examiner.

On dit que l'hérédité fera ombrage aux
puissances étrangeres , & je conviens que
la Russie la verra établir avec chagrin:
mais ce chagrin même qui vous instruit
de vos intérêts , est un nouveau motif

pour que vous fassiez cet établissement.
La cour de Pétersbourg sera inquiete,
parce que ne pouvant conserver son influence dans vos affaires, vous accoutumer à lui obéir & se préparer une con-
quête aisée qu'à la faveur de vos divisions, elle jugera que l'hérédité vous
mettrait en état de réformer votre gouvernement, connoître vos forces & les
réunir. Si elle terminoit la guerre présente, en forçant le grand-seigneur à vous
abandonner, il ne resteroit aucune ressource aux Polonois, ou du moins je
n'en vois aucune. Mais la Pologne n'est
pas réduite à cette malheureuse extrêmité.
Après une paix de trente ans qui a dû dégrader la milice des Turcs, je me suis
attendu aux disgraces qu'ils éprouvent ;
mais j'espere qu'instruits par leurs défaites
même, ils retrouveront cet ancien courage que Montecuculli redoutoit. J'espere encore que vous en profiterez, &
que pour consoler la Russie de ses pertes
& favoriser son ambition, vous ne con-
serverez pas l'usage de vos élections.

Les cours de Vienne & de Berlin ne
sont pas vos ennemies comme la cour de
Russie ; mais elles ne sont point vos

amies : jufqu'à préfent elles ne vous ont fait ni bien ni mal. Elles ont fans doute leurs raifons pour aimer votre anarchie : il eft fi commode pour elles d'avoir un voifin dont elles n'ont rien à craindre, & qui n'entrant point dans le fyftéme de l'Europe, leur permet de tourner toute leur ambition d'un côté plus avantageux. Je crois que ces puiffances defirent voir fubfifter vos troubles, ou du moins la caufe qui les produit. Soyez donc perfuadés que l'hérédité de votre couronne leur déplaira. Elles s'oppoferont à tous vos projets de réforme, mais on peut les gagner. Il eft très-vraifemblable que vous mettriez la cour de Vienne dans vos intérêts, en élevant fur le trône un prince qui lui feroit agréable ; je ne répéterai point ici ce que j'ai dit dans mon mémoire.

Si le roi de Pruffe eft feul à s'oppofer à votre réforme, eft-il vraifemblable qu'il emploie la voie de la force qui feule eft redoutable ? Ce prince paroît moins preffé qu'autrefois de faire la guerre. Les années fe font accumulées : content de régner fur l'Europe par la crainte & le refpect qu'infpire fa réputation, il craint peut-être de

compromettre sa gloire dans une nouvelle guerre. Sa santé, dit - on, ne lui
permettant plus de commander en personne ses armées, il sent que ce ne seroit
plus agir qu'avec la moitié de ses forces.
On pourroit donc traiter avec lui, &
acheter son consentement, en lui abandonnant quelques terres qui sont à sa bien-
séance & qui ne vous sont en aucune
maniere nécessaires pour former une république heureuse & respectable. Pourquoi les confédérés ne sonderoient-ils pas
ses dispositions à cet égard, s'ils peuvent
se flatter de se conduire avec assez d'habileté & de secret-dans cette négociation,
pour ne se compromettre ni en Pologne
ni à la cour de Berlin ? Si les trois puissances dont je parle sont d'accord pour vous
tenir dans la malheureuse situation où
vous êtes, j'avoue que je ne vois aucune
ressource contre ce malheur. Vos alliés
naturels ne seroient peut-être pas en état
de vous servir. D'ailleurs votre alliance
n'étant d'aucun secours, vous ne devez
pas vous attendre qu'on défende vos intérêts avec chaleur. Réduits à vous-mêmes, que pouvez-vous faire ? Vos propres divisions vous perdront, & le désef-

poir de quelques bons citoyens ne fau-
vera pas la patrie : ils s'enfeveliront inutilement fous fes ruines.

On m'objecte que la nation, voyant
naître & s'élever fous fes yeux des princes héréditaires, s'accoutumera à un refpect & une foumiffion incompatibles avec
la liberté. Je conviens qu'on refpectera
une maifon privilégiée à qui appartiendra
la couronne, & qui repréfentera la majefté de la république ; mais je nie que ce
refpect propre à contenir les grands dans
le devoir, détruire l'anarchie, donner de
la force aux loix & unir toutes les parties
de la fociété jufqu'à préfent divifées,
puiffe dégénérer en une foumiffion fervile. Ce qui nuit à la liberté, ce ne font ni
les refpects ni les hommages que la loi
prefcrit, & qu'on rend par étiquette à la
perfonne du prince ; mais les faveurs
qu'on attend de fa libéralité, & qu'on
veut acheter par des flatteries & des
baffeffes. Ce qui nuiroit, ce feroit des
forces qu'il pourroit employer arbitrairement pour favorifer l'injuftice, &
contraindre l'innocence & la vérité à fe
taire.

Si un roi héréditaire, ajoute-t-on,
n'a

n'a point d'états au-dehors, il sera pauvre ; & ses enfans cadets seront toujours à la charge de la république. Ils ne pourront subsister qu'aux dépens des autres citoyens en jouissant des starosties. Ils rempliront toutes les charges au préjudice des citoyens vertueux ; & la famille royale, en devenant plus nombreuse, changeroit la forme du gouvernement. Je réponds qu'un roi qui n'aura point d'états héréditaires hors de la Pologne, ne sera pas pauvre, soit qu'on lui conserve la plupart des domaines attachés actuellement à la couronne pour les faire valoir à son profit, soit qu'on prenne le parti plus sage de lui faire une liste civile proportionnée à ses besoins, & qui le mettra en état d'avoir une maison convenable à la dignité d'un homme qui vit des subsides de son peuple. Ce n'est pas la pauvreté, mais les richesses, que la politique doit craindre dans un roi ; & s'il est obligé d'être économe, soyez sûr qu'il ne sera pas ambitieux, & que sa cour ne sera point une école de mauvaises mœurs.

Je dis en second lieu que les princes ne seront point à charge à la république ; car je suppose qu'elle aura soin de les accou-

O

tumer à la modeftie, & la médiocrité de leur fortune fera d'un bon exemple pour vos grands feigneurs. Pourquoi ne retiendroit-on pas un dixieme fur le revenu du roi, pour former un tréfor qui ferviroit à doter fes enfans ? Quand il en coûteroit quelque chofe à la république, à peine s'appercevroit-elle de cette charge. Je prie les Polonois de confidérer tout ce que leur coûte leur anarchie, & combien ils doivent s'enrichir fous un bon gouvernement. Cette forte d'inertie pefante qui engourdit aujourd'hui leur patrie, difparoîtra promptement : une grande partie de vos terres n'eft point cultivée faute d'habitans, & l'induftrie qui les peuplera les rendra fécondes. Vous deviendrez riches en apprenant à connoître vos richeffes ; & les arts utiles que vous ignorez parce que vos loix ne les protegent pas, porteront la vie & l'abondance dans tous les palatinats.

Puifque le roi ne conférera plus les charges & les ftarofties, pourquoi les princes les envahiroient-ils ? S'ils veulent les obtenir, ils tâcheront de les mériter, en fe faifant eftimer de la république. Je ne vois point comment en fe multipliant

les branches de la maiſon royale chan-
geroient la forme du gouvernement ;
elles auront au contraire des intérêts op-
poſés qui ne leur permettront pas de ſe
réunir. Quand on eſt parvenu à donner
des bornes fixes à l'autorité du roi, comment pourroit-on craindre les entrepriſes
des princes de ſa maiſon ? Sous des rois
que votre conſtitution aura mis dans l'heureuſe impuiſſance d'abuſer de leur pouvoir, les princes ſeront invités par leurs
paſſions même à n'avoir que des penſées de républicains. Ils jouiront de la
liberté, ils en connoîtront le prix, &
ne voudront pas ſacrifier un bien préſent
à l'eſpérance incertaine d'une ſucceſſion
dont leur poſtérité même ne jouira peut-
être jamais.

On ſouhaiteroit encore, monſieur le
comte, que j'euſſe examiné quelle doit
être la prérogative du roi quand il com-
mandera les armées, & comment on empêchera qu'il ne s'empare de toute la
puiſſance militaire, dont il ne tarderoit
pas à ſe ſervir pour ſe mettre au-deſſus
des loix. J'aurai donc l'honneur de vous
dire qu'il ſeroit à propos qu'il ne prît
le commandement de l'armée que quand

la diete ou le sénat l'en chargeroit ; & on lui donneroit un général qui commanderoit sous ses ordres. On pourroit encore gêner son ambition, en le faisant accompagner par deux membres du conseil de guerre & du conseil des affaires étrangeres, qui rendroient compte à leurs collegues des opérations militaires & politiques. Si vos troupes étoient composées de déserteurs & de mercenaires ramassés au hasard, il faudroit être sûr qu'incapables de s'intéresser au sort de la république, elles aimeroient autant lui faire la guerre qu'à ses ennemis. Cependant ne craignez rien ; un roi qui ne sera le maître que de la garde de décoration que vous lui donnerez, ne tentera point de gagner la bienveillance de vos milices ; ou s'il est assez présomptueux pour le tenter, le conseil de guerre sera toujours assez habile pour tromper ses espérances. Mais si vos armées sont composées comme elles doivent l'être dans un état libre, soyez persuadés que le prince ne les débauchera jamais. Un roi qui n'a pas fait les officiers de ses troupes, & qui ne paie pas les soldats, n'acquiert point aisément une autorité dangereuse.

Quels que ſoient les projets de réforme que méditent les confédérés , ils doivent dès ce moment préparer les diſcours qu'ils prononceront à la diete , & dreſſer les édits qu'ils lui préſenteront pour qu'elle leur donne force de loix. Si vous négligez ce travail , rien ne ſera prêt quand la paix entre la Porte & la Ruſſie amenera le moment de rétablir l'ordre. Vous ſerez pris au dépourvu , comme les Suédois le furent à la mort inattendue de Charles XII. Les grands hommes qui vouloient établir un nouvel ordre de choſes , n'avoient pas eu le tems d'achever leur ouvrage. De là vient que l'excellent gouvernement de la Suede a quelque peine à s'affermir ſur ſes fondemens. L'eſprit ancien qu'on a négligé d'attaquer & de détruire , ſe défend encore , & réſiſte aux progrès du nouveau génie que la nouvelle conſtitution doit faire naître. Que les confédérés , monſieur le comte , ne s'expoſent point aux mêmes inconvéniens , en ne préſentant à la diete qu'une législation ébauchée. Vous ſeriez moins excuſables que les Suédois. Leur roi fut tué dans le moment qu'on s'y attendoit le moins , & ſon âge lui permettoit de vivre encore

O iij

plusieurs années Le tems presse au contraire les Polonois, la paix doit dans peu succéder à la guerre, & si vous ne profitez pas de ce moment pour faire de nouvelles loix, votre patrie ne se doutera pas de la réforme dont elle a besoin, & continuera à languir malheureusement dans son anarchie.

Il faut dès aujourd'hui préparer les esprits à la révolution que les confédérés méditent. Vous sentez, monsieur le comte, que cette préparation tient à mille détails dont il est impossible qu'un étranger qui ne connoît que très - imparfaitement vos mœurs & vos usages parle avec une certaine justesse. Tout ce que je puis dire, c'est que dès à présent on ne doit rien négliger pour faire comprendre à vos compatriotes que leurs malheurs tiennent à la grossiéreté de leurs loix, & qu'ils ne deviendront heureux qu'en les réformant. Il faut dès ce moment se ménager la confiance & l'amitié des gentilshommes qui ont le plus de crédit dans leur palatinat. Plus on s'approchera de cette paix qui permettra enfin de convoquer une diete libre, plus vous devez redoubler vos efforts pour que les dietines choisis-

fent des nonces qui vous foient agréables.
Si c'eft l'ufage de vos affemblées de nommer des comités pour étudier plus particuliérement les affaires & en dreffer le
rapport, il eft de la plus grande importance de vous attacher ces commiffaires.
Si les comités font inconnus parmi vous,
il faut en demander l'établiffement, &
fous prétexte de faire un examen plus
exact des affaires & de les expédier plus
promptement, il fera facile aux confédérés de s'emparer de la principale autorité
& de diriger la diete.

Toute leur conduite, qu'on me permette cette expreffion, doit être une négociation continuelle. Il faut ne rien oublier pour calmer les haines, les jaloufies
& les rivalités qui déchirent la république,
& concilier les intérêts de vos grandes
maifons. Par une conduite jufte & modérée il faut inviter vos ennemis à vous
moins haïr, & leur faire croire que vous
avez oublié les injures & les torts qu'ils
vous ont faits. En augmentant vos forces,
votre crédit & votre confidération, il
faut inviter ces confédérés timides & fe-
crets qui n'ofent encore fe montrer &
ne font que des vœux pour vous, à fe

déclarer ouvertement vos amis. Je ne puis m'empêcher de vous le dire, monsieur le comte, je vois dans la confédération une forte d'inaction, de mollesse, de lenteur qui n'est propre ni à vous faire craindre de vos ennemis, ni à inspirer de la confiance à vos amis. A force d'attendre des circonstances plus favorables pour agir, craignez qu'elles n'arrivent jamais ; c'est en agissant qu'il faut les faire naître. Pour mieux expliquer ma pensée, je vais terminer cet éclaircissement par quelques remarques sur vos négociations avec les puissances étrangeres.

CHAPITRE VI.

Des négociations que les confédérés doivent entamer dans les cours étrangeres. Avantages qui en résulteront pour les confédérés.

QUELQUE mal que la Porte fasse la guerre, c'est cependant, dans les conjonctures présentes, la puissance sur laquelle la Pologne doit le plus compter. Elle s'est ouvertement déclarée en votre faveur, & sans elle vous seriez aujourd'hui opprimés par les forces réunies de la Russie. Plus cette diversion vous est nécessaire, plus on a raison d'être étonné que vous n'ayez pas un ministre à Constantinople pour veiller à vos intérêts. Ne savez-vous pas combien le divan est peu instruit des affaires de la chrétienté, & que l'intrigue & la corruption sont toute sa politique ? L'Europe qui a ses raisons pour aimer la paix, ne demande qu'à oublier la Pologne ; & les confédérés, il faut l'avouer, secondent cette indifférence, en ne songeant pas affez à faire du falut de leur patrie l'affaire générale de tous les états. Cette conduite diminue le crédit de la confédération en Pologne ; & tant que vos compatriotes manqueront de confiance en elle & la regarderont comme exilée en Hongrie, on fera peu empreffé, monfieur le comte, à vous donner des fecours. Vous ne trouverez par-tout que de la tiédeur, tant qu'on craindra de vous fervir inutilement. Quoi qu'il en foit, il eft queftion de réparer le paffé, & d'examiner ce que vous pouvez raifonnablement efpérer des étrangers.

Rien n'eft plus preffé, rien n'eft plus important que de faire tous vos efforts pour empêcher que le grand-feigneur ne fe prête aux conditions de paix qu'on lui propofe. Il faut fans ceffe lui repréfenter que fes armées dégradées par une paix de trente ans & contraire à tous les principes que doit avoir une puiffance defpotique, ont befoin d'une longue guerre pour recouvrer leur courage, leur difcipline & leur réputation ; que la Ruffie s'épuife, dérange fes finances, perd fes meilleures troupes, & qu'on la vraincra enfin, fi on a contr'elle la patience ma-

gnanime que le czar Pierre premier op-
posa à Charles XII, & qui lui donna la
victoire à Pultava. Il faut ajouter qu'une
paix honteuse n'a jamais fait le salut d'un
état, parce que l'injustice des hommes est
telle, qu'on abuse toujours de sa supériorité sur un ennemi qui s'est fait mépriser.
Dans les plus grands malheurs, une
grande puissance qui ne veut pas s'avilir
& s'accoutumer à sa honte, c'est-à-dire,
préparer sa ruine, ne doit songer à la
paix, que quand elle a fait assez long-
tems la guerre pour rendre à ses soldats
leur courage & leur discipline, développer des talens dans ses généraux, & qu'elle
a enfin rétabli sa réputation par quelque
avantage. La Porte a de grands trésors,
que ne tente-t-elle donc la fidélité des généraux Russes par les mêmes moyens qui
ont si souvent réussi auprès des visirs &
des bachas ? On diroit que le divan n'ose
ou ne sait pas penser ; c'est aux confédérés à penser pour lui, & de vous servir
de son stupide orgueil pour les porter à
faire les entreprises qui vous feront les
plus utiles.

Un article essentiel & capital dans
cette négociation, doit être d'obtenir des

secours en argent, qui vous mettent en
état d'augmenter vos forces en Pologne ;
car je vois avec beaucoup de chagrin que
la confédération ne puisse pas tenir en
sûreté son conseil dans un de vos palatinats. Quelqu'ignorans que soient les
Turcs, il est impossible qu'ils ne com-
prennent pas combien il leur importe que
vous fassiez en leur faveur une diversion
puissante & qui forceroit la Russie à rappeller dans vos provinces des corps qui
leur font la guerre. Si ces demandes sont
d'abord rejetées, il ne faut pas se rebu-
ter : on est bien fort quand on propose à
la puissance même la plus despotique &
la plus aveugle, des choses qui lui sont
véritablement utiles. A force de présenter
un objet sous différentes faces & avec
des motifs nouveaux, bons ou mauvais,
il n'importe, on parvient enfin à persuader
ces cours, où tout se décide par des intrigues & des intérêts particuliers. Rien n'y
est fixe, tout change continuellement de
situation ; & tandis qu'on ne daigne pas
vous écouter, il se prépare déjà de nouvelles circonstances qui vous feront rechercher.

Si les confédérés obtenoient des sub-

fides de la Porte, ce feroit une preuve
qu'elle veut continuer la guerre. Votre
réputation augmenteroit, ce qui eft de la
plus grande importance, & vous verriez
que les Polonois qui craignent la Ruffie,
qui fe défient des Turcs, & qui ne fachant
quel fera enfin le fort de la confédération,
n'ofent fe déclarer, feroient plus hardis.
Si vos troupes étoient mieux payées, il
feroit vraifemblablement aifé d'établir une
difcipline plus réguliere. Elles fe feroient
craindre davantage des Ruffes, & moins
de vos citoyens, fur lefquels elles exercent, dit-on, quelquefois des violences
qui rendent odieux le pouvoir qui les emploie. Tout ce qui eft utile aux confédérés, devient avantageux pour la Porte ;
c'eft fur ce principe que doit être établie
la négociation que je propofe. Quelques
Polonois, monfieur le comte, voudroient
que les fubfides du grand-feigneur vous
miffent en état de lever un corps de troupes affez confidérable pour faire quelque
incurfion dans les provinces de Ruffie.
Cette puiffance fi fiere d'avoir une efcadre
dans la Méditerranée, perdroit une partie
de fa réputation, parce que la vôtre augmenteroit, & ne prétendroit plus dicter

impérieufement les conditions de la paix.
Mais qu'arriveroit-il, fi par hafard vous
étiez trompés dans vos efpérances ? La
Porte croiroit que vous l'avez trompée ;
& indignée d'avoir été votre dupe, elle
n'auroit plus pour vous les fentimens d'un
allié fidele & conftant. Je puis être dans
l'erreur ; mais il me femble que pour affermir une alliance , il ne faut promettre
à fon allié que ce qu'on peut vraifemblablement exécuter. Or , je le demande , ne
feroit-il pas imprudent d'oppofer à la difcipline fervile & machinale des Ruffes,
des foldats nouvellement levés, qui ne
favent ni obéir ni marcher enfemble ? La
petite guerre doit être la guerre des confédérés ; que leurs foldats partagés en
pelotons ne foient nulle part, fe portent
& fe faffent craindre par-tout par leurs
furprifes : craignez de former un corps
d'armée dont la défaite vous accableroit.

La cour de Berlin eft peut-être la feule
de l'Europe où vous êtes excufables de
n'avoir pas négocié. Si l'indépendance de
la Pologne entroit dans le fyftême du roi
de Pruffe , il n'auroit pas manqué de vous
en inftruire. Puifqu'il ne vous a point
prévenus , quels auroient été le fruit &

l'objet de vos négociations ? Ce prince,
peut-être plus habile politique encore que
grand capitaine, a calculé fes intérêts, &
fait d'avance la conduite qu'il doit tenir,
foit que la fortune conferve ou change la
fituation préfente de l'Europe. On ne peut
fe flatter ni de l'éblouir ni de le tromper,
parce qu'il eft lui feul fon confeil ; & que
l'intrigue bornée, comme elle doit l'être,
à des objets minutieux, n'ofe point s'élever jufqu'à lui.

Dans une guerre où les droits de la religion catholique font attaqués & compro-
mis, il me femble que vous ne pourriez
vous difpenfer d'avoir un miniftre à Rome ; c'eft par là que vous auriez dû commencer. Je fais que cette cour n'eft plus
ce qu'elle a été autrefois : elle n'a aucune
influence dans les affaires de l'Europe,
elle obéit au contraire à des impreffions
étrangeres, & ce n'eft plus le tems de
publier des bulles & de prêcher des croi-
fades pour venir au fecours de la religion.
Auffi ne prétendez pas que le miniftre de
la confédération fupplie le S. Pere d'ordonner aux princes de fa communion de
fe déclarer contre les *diffidens* de Pologne
& contre les puiffances qui les prote-

gent ; mais il auroit pu vous ménager la
faveur du faint fiege. Si vous l'aviez recherchée avec empreſſement , il eût été
bien difficile que le pape n'eût pas donné
aux conſédérés quelque marque d'eſtime ,
de bienveillance & de protection ; &
vous , monſieur le comte , qui connoiſ-
ſez mieux que perſonne tout le crédit &
tout le pouvoir qu'il conſerve dans votre
religieuſe patrie , vous jugerez mieux que
tout autre quel immenſe avantage les confédérés en auroient tiré.

Vous vous êtes laiſſé prévenir par le
parti de la cour ; heureuſement pour vous,
le nonce apoſtolique a été plus habile
& plus courageux que ſon maître. Après
avoir obtenu par les ſollicitations de vos
amis qu'il ne ſeroit point rappellé , il eſt
tems que vous agiſſiez par vous-mêmes.
Mais votre miniſtre, m'ont dit ici pluſieurs
Polonois , ne ſera pas reçu avec la dignité convenable à ſon caractere. Qu'importe , je vous prie , ces petites formalités
d'étiquette ? D'ailleurs j'oſerois vous répondre , d'après les lumieres que vous
m'avez communiquées , qu'il ſera ſecondé
dans toutes ſes démarches par les miniſtres de la maiſon de Bourbon. Après vous

avoir concilié l'amitié du grand Turc, pourquoi ne vous concilieroit-on pas celle du S. Pere ? Si votre agent eſt, comme il doit l'être, homme de qualité, on aura ſans doute pour lui les égards dus à ſa naiſſance & à ſon rang. Mais il ne pourra pas faire une dépenſe convenable à ſa dignité. Tant mieux ; ſes demandes en auront plus de poids, & l'on jugera qu'il donne aux beſoins de ſa patrie ce qu'il refuſe à ſon luxe. Les catholiques de Pologne ſauront que vous négociez à Rome ; & cela ſeul, quand vous n'obtiendriez preſque rien, ne laiſſeroit pas de donner beaucoup de conſidération aux confédérés, parce qu'on eſpérera qu'ils obtiendront davantage. Le nonce du ſaint ſiege, qui ſe ſentira ſoutenu par vos négociations, agira avec plus de zele à Varſovie. Son exemple décidera de la conduite du clergé, & les confédérés n'ignorent pas quel eſt ſon crédit.

Il faut tâcher d'intéreſſer toute l'Europe en votre faveur. Il eſt vraiſemblable que vous ne réuſſirez pas à obtenir aujourd'hui les ſecours dont vous avez beſoin ; mais dans la ſituation malheureuſe où ſont les affaires de votre république, il n'y a aucune des puissances qui ne peuvent profiter de votre foiblesse pour s'agrandir, qui pour son honneur ne doive au moins vous consoler & vous montrer des égards. On vous fera des promesses, & elles serviront dès aujourd'hui à entretenir le courage de vos amis, qui peut-être lassés de ce qu'ils souffrent, vous abandonneront, si l'oisiveté de la confédération ne leur donne pas des espérances. Cette conduite causera au contraire de l'inquiétude à vos ennemis, & partagera leur attention. Enfin la paix viendra, & vous vous serez fait des médiateurs qui s'intéresseront à vos affaires, & favoriseront en Pologne les réformes que méditent les confédérés.

Par exemple, je voudrois que vous eussiez à Londres un ministre qui sonderoit les dispositions de la cour; & s'il n'en pouvoit rien attendre, ce qui n'est que trop vraisemblable dans les circonstances présentes, il se lieroit secrétement avec le parti de l'opposition. On prouveroit que l'alliance ou la liaison de l'Angleterre avec la Russie contre la Porte, est contraire à l'ancienne & sage politique des Anglois, qui dans tous les traités d'alliance défensive qu'ils ont conclus jusqu'à présent avec les cours de Pétersbourg & de Vienne, ont formellement stipulé qu'ils ne leur donneroient aucun secours contre les Turcs. On feroit voir, & rien n'est plus vrai, que le commerce des Echelles du Levant est plus avantageux à l'Angleterre que celui de la Livonie, de Pétersbourg & d'Archangel, & que par conséquent il n'est pas sage d'indisposer la Porte pour obliger la Russie. Pourquoi le parti de l'opposition, qui ne cherche que des moyens de rendre le ministere odieux ou ridicule pour le perdre & s'élever sur ses ruines, ne feroit-il pas valoir ces raisons importantes ? L'intérêt qu'il prendroit à vos affaires, & les débats du parlement sur votre indépendance, vous donneroient une sorte de considération en Europe, & certainement inquiéteroient vos ennemis. Pourquoi ne croiroit-on pas à Londres qu'il est indigne de la dignité du peuple Anglois de contribuer à l'oppression d'un peuple libre ? En flattant l'orgueil de l'Angleterre, on peut la pousser plus loin qu'elle ne voudroit aller. Puisqu'elle a pensé que rien n'est plus beau pour elle que de maintenir, conserver & protéger l'équilibre des puisfances dans le midi de l'Europe , pourquoi ne croiroit-elle pas qu'il manque quelque chofe à fa gloire , & qu'elle doit jouer le même rôle dans le nord ? Un négociateur qui met en jeu les paffions , eft bien plus fûr de réuffir que celui qui ne veut parler qu'à la raifon. Si le parti de l'oppofition embraffoit vos intérêts , le crédit des confédérés augmenteroit en Pologne. S'il prenoit le deffus & s'emparoit du miniftere , vous vous feriez fait des amis puiffans. Peut - être que les circonftances ne permettront pas au nouveau miniftere de vous fervir après fa fortune avec le même zele qu'il vous fervoit auparavant ; il n'oferoit pas du moins abandonner ouvertement vos intérêts & feconder la Ruffie.

Il me femble , monfieur le comte , que rien n'eft pire pour vos affaires , que cette efpece d'inaction à laquelle paroiffent s'abandonner les chefs de la confédération. J'efpere qu'ils me pardonneront , ou plutôt je fuis fûr qu'ils aimeront la liberté avec laquelle je m'exprime. On a trop l'air de fe tenir fur la défenfive & de ne prendre aucun parti. *Il faut voir , nous verrons , il faut attendre , il viendra d'autres*

circonſtances ; avec ces beaux mots qui
imitent la prudence, on laiſſe la fortune
maîtreſſe de tout. Ne craignez pas de
faire des démarches inutiles : qu'il en
réuſſiſſe une , & vous ſerez dédommagés
de vos peines : les politiques les plus heureux ont preſque toujours été ceux qui
ont multiplié les moyens de réuſſir ; rien
n'eſt plus fâcheux que de n'avoir , comme
on dit , qu'une corde à un arc. Comptez
juſqu'à un certain point ſur la maniere
dont on traite la politique en Europe. Qui
vous répondra que la négociation qui rai-
ſonnablement devoit laiſſer le moins d'eſpérance , ne ſera pas celle qui réuſſira le
mieux ? Il y a tant de haſards dans les affaires de ce monde ; elles ſont ſubordon-
nées à tant d'intrigues , d'intérêts particuliers & de paſſions qui ſe contrarient &
ſe ſuccedent perpétuellement ; elles ſont
maniées par des hommes quelquefois ſi
ignorans & quelquefois ſi pervers , qu'on
échoue preſque auſſi ſouvent dans des
négociations raiſonnables , qu'on réuſſit
par des prétentions & des demandes in-
ſenſées.

J'ai dit dans mon mémoire que le
Danemarck a un intérêt particulier de

desirer l'abaissement de la Russie ; & il seroit inutile de répéter ici les motifs qu'il aura de n'être point tranquille, tant que l'ambition d'un czar de la maison de Holstein ne sera pas réprimée. Si la cour de Coppenhague étoit sûre que la guerre des Turcs vous rétablira dans tous vos droits, elle oseroit peut-être se déclarer en votre faveur, ou du moins elle ne balanceroit pas à vous donner des secours secrets. Cette négociation demande beaucoup d'art & de sagesse ; car avec une puissance qui craint de se compromettre il faut bien se garder de lui faire des propositions trop hardies, elles ne serviroient qu'à l'intimider davantage. Votre ministre paroîtroit d'abord ne traiter que de l'affaire des dissidens, & se contenter des bons offices du roi de Danemarck auprès du roi de Prusse & de l'impératrice de Russie. En peignant les malheurs de votre patrie, vous seriez en état de juger de la maniere dont le ministere de Coppenhague est affecté à cet égard. Vous marcheriez pas à pas. Vous parleriez de l'équilibre du midi de l'Europe, pour avoir occasion de parler de celui qu'il seroit à souhaiter d'établir dans le nord. Vous ferez sentir

les suites fâcheuses de l'asservissement de
la Pologne & combien il importe à tout
le nord qu'elle pût sortir de son anarchie
& former une barriere contre la Russie.
Vous voyez, monsieur le comte, que
vous vous insinueriez par cette marche
dans l'esprit du ministere Danois; peu
à peu vous le prépareriez à vous écouter
avec plus de confiance, & cette confiance plus ou moins grande vous mettra
à portée de vous exprimer avec moins
de circonspection. Vous n'obtiendrez
peut-être pas des secours dans ce moment ; mais vous vous serez fait un ami
qui vous servira avec zele quand il faudra
travailler à la réforme de votre gouvernement.

La Suede vous offre une négociation
plus aisée : vous y trouverez des amis
dans le parti des *chappeaux* dévoués à la
France & ennemis de la Russie. Si vous
agissez en votre nom, il est vraisemblable
que vous n'obtiendrez rien ; pour le bien
de son gouvernement il lui importe d'entretenir la paix, & ses finances d'ailleurs
ne lui permettent pas de faire la guerre.
Mais pourquoi ne vous feriez-vous pas
les agens de la Porte ? Les Turcs sont si

stupides qu'ils ont peut-être oublié leurs anciennes liaisons avec la Suede , & ignorent qu'elle est leur alliée naturelle. Je voudrois donc que votre ministre à Constantinople rappellât ces vieilles idées au divan. Apprenez à cette puissance que les *chappeaux*, qui ont le plus grand crédit dans l'administration de leur république , ne demandent pas mieux que de faire la guerre à la Russie ; mais que les embarras d'un gouvernement nouveau , auquel tous les esprits ne sont pas encore accoutumés , les empêchent de mettre un certain ordre dans leurs finances , arrêtent leur courage & retardent leur vengeance. Calculez ce qu'il en coûteroit pour faire deux ou trois campagnes en Finlande & armer une escadre dans la Baltique ; n'oubliez rien pour faire goûter ce projet aux ministres du grand seigneur ; plus cette diversion seroit fâcheuse pour la Russie , plus vous devez étudier les moyens nécessaires pour la faire entreprendre.

Mais , monsieur le comte, il me semble avoir eu l'honneur de vous entendre dire que l'ambassadeur d'Espagne à la cour de France , M. le comte de Fuentes , n'étoit pas insensible à la situation de votre

votre patrie. Il faudroit profiter de cette ouverture pour négocier à Madrid. J'infiste là-deffus, & je vous inviterois volontiers à négocier dans toute la terre ; car il vous importe de paroître toujours agiffans, & de faire connoître à tout le monde la juftice de votre caufe. Plus vous agirez, plus vous fentirez augmenter votre ardeur, & par les efpérances qu'on vous laiffera entrevoir, & par les obftacles même que vous rencontrerez. Vous trouverez en vous-mêmes des reffources auxquelles vous n'auriez jamais penfé dans l'inaction. Que vous en coûteroit-il d'envoyer un miniftre à la cour d'Efpagne ? Vos amis, direz-vous, pourroient ne pas approuver cette démarche. Mais je prendrai la liberté de vous répondre qu'il faut fe garder de trop dépendre de fes amis : c'eft quelquefois les inviter à prendre trop le ton de protecteurs. Ne les confultez point fur les projets que vous croirez utiles à vos affaires. Quelques-uns de ces alliés vous en détourneroient, parce qu'ils craindroient que vous ne les jetaffiez dans quelqu'embarras ; & les autres, parce qu'ils voudroient par vanité

que vous ne dûffiez qu'à eux feuls votre
falut.

Votre miniftre prouvera au confeil de
Madrid qu'il doit voir avec inquiétude les
Ruffes dans la Méditerranée ; que la Ruffie ennemie de la France par les alliances
qu'elle a contractées avec fes ennemis
naturels, a envoyé des troupes jufques
fur le Rhin, & qu'il importe à tous les
princes du midi de renfermer cette puiffance dans les limites du nord. L'Efpagne
n'a pas perdu le fouvenir du rôle qu'elle
a fait autrefois dans l'Europe : elle fera
flattée que vous ayez recours à elle. Di-
tes-lui que les liens qui l'uniffent étroitement à la France, font un motif pour vous
accorder la même bienveillance que la
cour de Verfailles vous montre. Faites
voir que la France, qui eft votre alliée
naturelle, vous protege parce qu'il eft
de fon intérêt de vous voir dans une fituation heureufe dont elle pourra profiter.
Repréfentez que l'Efpagne, qui ne peut
attendre pour elle-même aucun fecours
de la Pologne, doit avoir cependant la
même politique, puifque la maifon d'Autriche eft très-puiffante en Italie, & que
la cour de Madrid y doit protéger le roi

de Naples & le duc de Parme. Vous obtiendrez sûrement les mêmes secours que vous avez obtenus de la France, & il est vraisemblable qu'ils seront plus abondans. En un mot, monsieur le comte, car je suis pressé d'en venir à ce qui regarde la cour de Vienne, il n'y a point de puissance à laquelle les confédérés ne doivent s'adresser. L'importance de l'objet servira d'excuse à ce refrein éternel dont je bats vos oreilles. Si ces négociations ne vous procurent dans ce moment aucun des secours dont vous avez besoin, soyez sûr qu'elles donneront de la réputation aux confédérés. Vous ranimerez la confiance de vos compatriotes, & aurez des amis qui seconderont la réforme que vous voulez faire dans votre gouvernement.

La maison d'Autriche mérite certainement, & par le bien & par le mal qu'elle peut vous faire, que vous apportiez une attention extrême à toutes ses démarches, & que vous tâchiez de pénétrer ses intentions. Jusqu'à présent le ministre que vous tenez à Vienne, n'a rien pu découvrir de certain. Toute la conduite du conseil impérial est équivoque. Il semble en quelque sorte ne plus tenir à son ancienne alliance avec la Ruffie, & cependant on diroit qu'il craint de fe compromettre avec cette puiffance. Que penfe-t-il des défaftres de la Porte ? Croit-il que l'amitié des Ruffes lui fera déformais moins né-ceffaire ? La cour de Vienne eft trop éclai-rée pour ne pas connoître les jeux de la fortune, & que la force fuccede quelque-fois à la foibleffe, comme la foibleffe fuccede quelquefois à la force. Veut-elle profiter de ces circonftances pour recou-vrer Belgrade ? Veut-elle laiffer à la czarine la gloire de triompher feule des Turcs ? Que fignifient ces armées qu'on affemble en Hongrie, & qu'on ne fait pas agir ? Quelles propofitions fait-on à Conftantinople ? Quelles font fes rela-tions avec la cour de Berlin ? De quel œil voit-on la Pologne ? On refufe de traiter avec le miniftre de la confédéra-tion, mais on donne un afyle au confeil des confédérés. Ce font là, je l'avoue, autant d'énigmes que je ne me flatte point de pouvoir expliquer. On feroit tenté de croire qu'il y a à Vienne deux efprits, deux mobiles politiques, dont l'un invite à agir & l'autre retient dans le repos. Peut-être que cette cour, toujours attachée

aux principes d'une politique lente & me-
furée, ne s'eft point encore fait de fyftême certain relativement aux troubles
qui agitent la Pologne. On ne veut pas
favorifer les projets de la Ruffie, parce
qu'on prévoit qu'elle ne peut établir fon
empire fur les Polonois & s'approcher
ainfi de l'Allemagne, fans en devenir
l'ennemie, de même que de la maifon
impériale. On ne fe déclare point contre
les Turcs, parce que leur conduite les
rend méprifables, & que leur guerre
cependant dégrade infenfiblement les
forces de la cour de Pétersbourg, &
retarde les fuccès de fon ambition. On
diroit que le confeil de Vienne attend
des circonftances ou des événemens que
je ne devine point, pour continuer avec
plus de précifion & de fûreté les projets
qu'il médite en fecret, ou pour mani-
fefter avec moins de danger ceux qu'il a
déjà formés.

Quoi qu'il en foit, c'eft dans le moment où il délibere encore, qu'il eft
important pour les confédérés de tenter
& de nouer une négociation. Quand
cette puiffance aura fait un pas en avant,
il fera plus difficile de la ramener où vous

voulez. Je fens à merveille qu'elle met un grand prix à cet air de myftere & d'incertitude qu'elle affecte, & que vous n'êtes pas dans une pofture affez avantageufe pour demander une réponfe cathégorique & la forcer à s'expliquer. Ce que vous ne pouvez pas exiger par la crainte, il faut l'obtenir par la voie conciliatrice de la douceur & des bienfaits; & ce feroit ici le tems, monfieur le comte, d'en venir à l'exécution du projet détaillé dans mon mémoire au fujet de votre couronne, c'eft-à-dire, de l'offrir au duc de Saxe-Tefchen ou à un archiduc. Si ce projet eft agréé par la cour de Vienne, non-feulement vous échapperez au joug de la Ruffie; mais la confédération recevra dès aujourd'hui des fecours abondans, pourra exécuter fa réforme, & forcera tous fes ennemis à n'y mettre aucun obftacle.

Si vous propofez vous - mêmes vos vues, je crains qu'on n'y faffe aucune attention, ou qu'on ne les rejette même comme un projet chimérique : & voici les raifons qui me font penfer de la forte. On croira que vous offrez ce qu'il n'eft pas en votre pouvoir de donner, & l'on craindroit de s'engager dans une entreprise qui paroîtroit peut - être injuste à toute l'Europe , & seroit vraisemblablement accompagnée de beaucoup de troubles en Pologne. La confédération est , pour ainsi dire , exilée à Epériez , n'ayant point assez de force pour être sans danger dans un de vos palatinats. Comment, vous objectera-t-on, ose-t-elle disposer de la couronne ? comment est-elle sûre qu'aucun gentilhomme ne prononcera le *veto* ? Vous aurez beau dire que la confédération est plus forte qu'on ne croit, que vous avez des amis qui sont confédérés dans le cœur, & qui n'attendent qu'une occasion favorable pour se déclarer. On ne comptera pas sur des amis circonspects qui n'ont pas le courage de s'associer à votre fortune. On jugera que, puisqu'ils ne veulent rien hasarder en faveur de la patrie , il seroit imprudent de hasarder quelque chose pour eux. D'ailleurs , en supposant qu'on vous écoute , on vous chicanera sur la prérogative royale. On diminuera vos retranchemens ; c'est-à-dire , qu'on vous empêchera de pourvoir efficacement à votre sûreté ; & parce qu'on fera maître de votre secret , on vous

contraindra de foufcrire à toutes les propofitions qu'on vous fera.

Dans cette extrêmité fâcheufe, comment les confédérés peuvent-ils donc donner quelque poids à leurs propofitions
& fe faire entendre? Il me femble que
vous pourriez y réuffir par le canal ou
la médiation de la France ; & puifque
vous exigez, monfieur le comte, que
je vous faffe part de toutes les idées qui
me paffent par la tête, voici quelle eft
la négociation dont je voudrois que vous
fuffiez chargé par vos commettans.

Vous expoferiez dans un mémoire que
vos compatriotes ne fe font d'abord confédérés que pour fe fouftraire au joug de la
Ruffie, & rendre à leur patrie fon indépendance ; mais qu'éclairés enfin par
l'expérience de cette longue fuite de malheurs que la Pologne a éprouvés dans
fon anarchie, ils ne fe contentoient plus
de vouloir recouvrer une liberté toujours
incertaine, toujours orageufe, & qu'ils
vouloient l'affermir folidement, en laif-
fant à leurs enfans une nouvelle conftitution qui les mettroit en état de vivre
heureux. Ne vous bornant point à expofer les vues générales que vous vous

propofez , vous entreriez fans aucun déguifement dans un détail circonftancié des loix & des réglemens que vous méditez au fujet du roi , du fénat , des miniftres , des confeils , de la diete générale & des diétines. Vous démontreriez enfuite tous les avantages qui doivent réfulter d'une pareille révolution. On commenceroit enfin à voir un ordre conftant dans un pays où tout gentilhomme n'a connu d'autre regle de fes devoirs que fes caprices & fes paffions. Vos magiftrats n'auroient plus une autorité dont il leur eft impoffible aujourd'hui de fe fervir. Vos finances feroient foumifes à une regle & à un ordre conftans , & vous mettroient enfin à portée de fubvenir à tous les befoins de la république. Vous parviendriez fous cette fage politique à avoir des milices difciplinées. En un mot , vous ne feriez plus un état inutile dans l'Europe , ou plutôt une puiffance qui étant incapable de prendre une réfolution d'agir & de fe mouvoir réguliérement , n'eft qu'à charge à fes alliés.

Vous ajouteriez que la Pologne étant par fa pofition topographique l'alliée naturelle de la France , le miniftere de Verfailles doit regarder comme son propre bien les forces des Polonois, dont il dispose à son gré pour faire des diversions dans le nord ou du côté de l'Allemagne, & qu'il lui importe par conséquent de favoriser l'entreprise de la confédération. Vous ne confieriez ce mémoire que sous le sceau du plus grand secret, en remarquant que, si quelques états pouvoient soupçonner que vous pensez à arranger votre gouvernement de maniere à vous rendre une puissance considérable, vous craindriez de voir naître de toutes parts des obstacles insurmontables à l'exécution de vos projets. Les confédérés ne déguiseront point que les habitudes & les préjugés de plusieurs de leurs compatriotes ne leur donnent de l'inquiétude ; mais ils assureront qu'ils sont certains d'être secondés par tous les citoyens qui sont las des troubles de la république & ne desirent qu'une tranquillité durable. Vous ajouteriez que toutes les difficultés disparoîtront, quand votre réforme sera protégée par des puissances respectables, dont les ambassadeurs négocieront avec d'autant plus de succès auprès de la nation, qu'elle est accoutumée depuis long-tems à n'agir que par les impreſſions qu'elle reçoit du dehors.

Nous voudrions, diroient les confédérés, que la France pût ſe priver en notre faveur, de l'un de ſes princes qui ſont ſes délices & ſes eſpérances ; ce ſeroit avec la joie la plus vraie & la plus unanime, que nous l'éleverions ſur le trône. Mais puiſqu'une pareille élection alarmeroit pluſieurs puiſſances, & que l'éloignement des lieux ne permettroit pas à la France d'en défendre aiſément la légitimité, nous voulons du moins tenir de ſes mains le prince qu'il nous importe le plus d'avoir parmi nous, & dont la maiſon, à portée de nous donner des ſecours & de protéger nos droits, favoriſera de tout ſon crédit l'établiſſement de nos nouvelles loix. Nous avons projeté de demander un archiduc ou le duc de Saxe-Teſchen à la cour de Vienne. Mais comme cette propoſition paroît avoir peu d'autorité dans notre bouche, que l'impératrice & l'empereur croiroient peut-être que nous voulons les ſurprendre par des eſpérances trompeuſes, & qu'ils craindroient de ſe brouiller avec leurs alliés & de ſe faire des ennemis

en s'affociant à nos projets , nous ofons
prier le miniftere de Verfailles de vouloir bien fe charger du foin d'entamer
cette négociation , qui aura fûrement un
heureux fuccès , dès qu'elle fera com-
mencée fous fes aufpices. Les difficultés
s'applaniront , & la cour n'héfitera point
dès qu'elle fera fûre d'être approuvée &
foutenue par la France. Pourquoi la cour
de Verfailles fe refuferoit-elle à la demande que nous prenons la liberté de lui
faire , & que nous lui faifons avec la
plus grande confiance ? Car il eft aifé de
prouver qu'elle ne doit être inquiete en
aucune maniere , en voyant monter un
archiduc ou le duc de Saxe-Tefchen fur
le trône de Pologne. Par la nouvelle
forme de gouvernement qu'on fe propofe
d'établir , le roi ne fera & ne peut être
que l'organe de la nation ; & la nation
accoutumée depuis long-tems à fe défier
de la maifon d'Autriche , ne reconnoîtra
pour fes vrais alliés que la France & fes
amis.

Si le traité de Verfailles , direz-vous ,
a établi une alliance fincere & durable
entre les deux cours , pourquoi la France
ne faifiroit-elle pas avec plaifir l'occafion

» de propoſer & de terminer une affaire
» qui ne peut être qu'agréable à l'Autriche,
» & qui reſſerrera les nœuds de l'amitié ?
» Si cette alliance, au contraire, eſt ſuſ-
» pecte aux puiſſances qui l'ont contractée ;
» ou plutôt, ſi par une ſuite malheureuſe
» de cette fatalité qui ſemble imprimer une
» certaine foibleſſe à tous les ouvrages des
» hommes, les deux cours alliées prévoient
» avec douleur que rien n'eſt permanent,
» que tout finit, & que les anciennes riva-
» lités, plutôt aſſoupies qu'éteintes, peu-
» vent encore cauſer de nouveaux diffé-
» rends ; ne ſeroit-il pas heureux pour la
» France de ſe préparer dès aujourd'hui un
» allié qui n'oubliera jamais qu'il lui doit ſes
» loix & ſon gouvernement , & les forces
» de même que le bonheur qui en réſul-
» teront ?

Voilà , monſieur le comte , un projet
de mémoire & de négociation bien groſ-
fier & bien ſuccinct ; mais il ſeroit inutile
d'entrer dans le détail de toutes les difficultés que vous pourrez éprouver. L'eſ-
ſentiel dans toutes les affaires qu'on doit
traiter, c'eſt de prendre bien ſon poſte ;
c'eſt le cas de dire, *dimidium facti qui
bene cœpit habet.* Vos lumieres & votre

expérience, de même que celles de vos
amis, suppléeront à tout ce qui manque
ici. Vous verrez aisément combien il est
avantageux aux Polonois d'avoir la France
pour médiatrice & pour arbitre dans les
affaires qu'ils traiteront avec la maison
d'Autriche. Cette puissance voudra sans
doute vous imposer la loi, décider de
votre gouvernement & du pouvoir que
vous devez abandonner au roi ; mais vous
ne serez point obligés d'obéir à ses volontés, parce que le ministre François
défendra vos droits & vos intérêts, &
qu'il lui importera que vous soyez véritablement libres, & que la maison d'Autriche, en acquérant une nouvelle couronne, n'acquiere pas un trop grand pouvoir.

Je me trompe beaucoup, ou les négociations dont je viens d'avoir l'honneur
de vous entretenir dans ce dernier chapitre, doivent procurer de grands avantages à la confédération. Elles tendent
toutes à deux points capitaux pour vous,
& qu'il ne vous est pas permis de perdre
un seul moment de vue sans trahir vos
intérêts les plus précieux ; l'un, de mettre
les Turcs en état de faire désormais la

guerre plus heureusement qu'ils ne la font ; l'autre, d'augmenter en Pologne votre considération & le nombre de vos amis, & de vous ménager des protecteurs puissans & respectables, quand il sera tems de proposer & de faire agréer par une diete générale une nouvelle forme de gouvernement. Il n'est en effet pas possible qu'en vous voyant toujours agir, vos amis ne vous soient plus attachés, que les personnes indécises ne se décident en votre faveur, & que vos ennemis ne vous ménagent. On aura le courage de se déclarer ouvertement pour vous, si loin de vous oublier vous-mêmes vous ne négligez aucun moyen de réussir & en tentez de nouveaux.

Je vous prie, monsieur le comte, de considérer la situation critique des confédérés. S'ils ne font pas des efforts continuels pour la rendre plus heureuse, ils doivent nécessairement décheoir ; vos partisans vous abandonneront, ou de jour en jour vous seront moins attachés, si des succès nouveaux ne viennent de tems en tems ranimer leur confiance. Je ne puis trop le redire, votre attention ne doit pas se borner à la guerre présente

ni aux moyens d'intimider ou du moins
d'inquiéter les Ruſſes. Il faut également
vous occuper du moment qui rétablira la
paix , & du grand objet de la réforme de
votre gouvernement. Si vous réuſſiſſez
dans ces négociations , & ſur-tout dans
celles de Rome & de Vienne , il eſt aiſé
de juger que les confédérés pourront établir ſans beaucoup de peine tout ce qu'ils
jugeront le plus utile à la patrie. Rien ne
leur réſiſtera quand ils ſeront ſecondés du
nonce de la cour de Rome & des miniſtres de l'empereur , de la France , de l'Eſ-
pagne , de la Suede & du Danemarck.
Il eſt tems de vous faire un ſyſtême ſuivi
de conduite , ſi vous ne voulez pas toujours dépendre des événemens & des
caprices de la fortune.

  Au château de Liancourt , ce 9 juillet
1771.

F I N.

TABLE

TABLE
DES CHAPITRES.

PREMIERE PARTIE.

SECONDE PARTIE,

ou ÉCLAIRCISSEMENS.

CHAPITRE PREMIER, *Objet de cette seconde partie. Objections proposées*